세상의 길 위에서
하나님의 길을 걷는 사람들

기독교윤리실천운동 기독교윤리연구소 엮음

세상의 길 위에서 하나님의 길을 걷는 사람들

초판 1쇄 펴낸 날 · 2010년 2월 10일 ㅣ 초판 1쇄 찍은 날 · 2010년 2월 5일

엮은이 · 기독교윤리실천운동 ㅣ **펴낸이** · 김승태

등록번호 · 제2-1349호(1992. 3. 31.) ㅣ **펴낸 곳** · 예영커뮤니케이션
주소 · (136-825) 서울 성북구 성북1동 179-56 ㅣ **홈페이지** www.jeyoung.com
출판사업부 · T. (02)766-8931 F. (02)766-8934 e-mail: edit1@jeyoung.com
출판유통사업부 · T. (02)766-7912 F. (02)766-8934 e-mail: sales@jeyoung.com

copyright ⓒ 2010, 기독교윤리실천운동

ISBN 978-89-8350-565-1(03230)

값 7,000원

세상의 길 위에서
하나님의 길을 걷는 사람들

기독교윤리실천운동 기독교윤리연구소 엮음

차례

일러두기
1. 필자들의 기윤실 직함과 소속은 2010년 1월을 기준으로 한 것입니다.
2. 문체의 일관성을 위해 원문과 달리 종결어미를 높임말[합쇼체('입니다.' 또는 '습니다.')]로 수정하였습니다.

글을 엮으면서

책임편집자 _노영상

(기독교윤리연구소장, 장신대 기독교와문화 교수)

본 책의 글들은 이전 기윤실 홈페이지의 '기윤실 운동'을 소개하는 메뉴 중 '비전레터' 부분에 실렸던 것들입니다. 기윤실의 회원들과 함께 읽는 중, 우리끼리만 내용을 음미하기가 아쉬워 책으로 묶어 보았습니다. 2006년 10월부터 2009년 9월까지 3년여간의 비전레터들을 모은 것인데, 대부분 기윤실 운동에 참여하고 있는 분들의 글들로 구성되어 있습니다. 높은뜻교회연합의 김동호 목사, 지구촌교회의 이동원 목사 등의 목회자들, 법무법인 율촌의 대표인 우창록 이사장을 비롯한 법조인들, 고신대 손봉호 석좌교수, 고려대학교의 김일수 교수 등의 대학교수님들이 본 책의 필진에 포함되어 있습니다.

2007년은 기윤실이 설립된 지 20주년이 되는 해였습니다. 이제 성년이 되는 기윤실은 모습을 새롭게 하기 위해 지난 몇 년간 구성원들이 최선을 다해 왔습니다. 본 책은 그런 기윤실의 탈바꿈을 위해 분투하는 모습들을 잘 그려 주고 있습니다. 사회적으로 유행하는 이슈들을 따라 움직였던 얄팍한 사회참여의 모습에서 벗어나, 긴 호흡을 갖는 기윤실의 새로운 모습들을 찾으려는 노력들이 이 책에 묻어 있습니다.

마지막으로 어려운 출판 여건 속에서도 출판을 지원해 주신 예영의 김승태 사장님과 이 책의 출판과 편집을 위해 많은 수고를 아끼지 않으신 기윤실 조제호, 최욱준, 강성호 간사님의 노고에 마음 깊은 감사를 전합니다.

추천의 글

우창록
(이사장, 법무법인 율촌 대표)

크리스천이라면 누구나 주님의 말씀대로 세상의 빛과 소금이 되기를 꿈꾸어 볼 것입니다. 하지만 세상 가운데 주님의 말씀을 따라 살려고 하면 할수록 현실이 그리 녹록하지 않다는 것을 알게 됩니다. 그래서 하나님의 은혜와 도움이 필요하고, 옆에서 함께해 줄 동역자가 필요하다는 생각을 하게 됩니다. 기독교윤리실천운동은 그런 생각을 가진 동역자들이 모여서 서로 격려하고 위로하면서 복음에 합당한 삶을 실천하기 위해 모였다고 생각합니다.

이를 위해 우리의 삶을 향한 하나님의 구체적인 뜻을 나누고자 매주 '비전레터'라는 이름의 온라인 뉴스레터를 통해 회원들과 많은 생각을 공유해 왔습니다. 이제 그것을 묶어서 더 많은 분들과 나누고자 합니다. 그래서 삶의 현장에서 복음에 합당한 삶을 살기 위해 고군분투하는 많은 분들에게 작은 도움이라도 되기를 소망합니다. 마지막으로 비전레터의 필자들과, 편집에 수고를 아끼지 않으신 노영상 교수님께 감사의 말씀을 드립니다.

기독교 윤리실천운동의 비전

기윤실의 비전과 사명에 대한 재설계(Redesign)

기독교윤리실천운동

기윤실은 2007년 2월 26일 진행된 총회에서 '기윤실 2020' 비전 선포식을 갖고 '신뢰가 주도하는 교회와 사회'를 지향하는 'Trust Initiative'라는 브랜드 슬로건을 발표한 바 있습니다. '신뢰(Trust)'는 대인 관계에 배태되어 있을 뿐만 아니라, 공동체 내의 협력을 가능하게 하는 원천이며 무엇보다도 국가와 사회 전체의 활력에 영향을 미치는 핵심적인 가치로 공유되고 있습니다.

한국 사회가 교회의 섬김과 사명을 통해 신뢰가 넘치

는 공동체가 되고, 기윤실의 섬김으로 하나님의 몸된 교회가 세상에서 신뢰를 받으면 좋겠다는 열망이 기윤실의 새로운 비전이고 방향이었습니다. 이러한 전망 속에서 교회 스스로가 건강성을 점검할 수 있도록 '교회신뢰지표'를 개발하였으며, 사회에서 얼마나 신뢰를 받고 있는지를 엄밀하고 객관적으로 점검하기 위해 '한국교회의 사회적 신뢰도 여론조사'를 실시하기도 하였습니다. 특히 한국교회의 사회적 신뢰도 여론조사 사업은 단순한 여론조사가 아닌, 전체로서의 한국교회와 기독교의 신뢰성을 고민하는 큰 그림(Big Picture) 속에서 어떻게 한국교회의 신뢰성을 증진시키는 데 기여할 수 있을 것인지에 대한 대안모색까지 연결되는 사업이었습니다.

아울러 새로운 비전이 제대로 실행되고, 조직으로서 기윤실이 지속 가능한 발전을 할 수 있도록 지탱시켜 주기 위해 2008년 3월부터 캐플란과 노튼이 개발한 균형성과지표(BSC)를 시민사회단체인 기윤실에 맞게 재구성하여 적용하고 있습니다. 격월로 발간되는 기윤실 소식지 2면을 보시면, '열매 관점', '협력적 관점', '재무적 관점',

'환경적 관점', '학습과 성장 관점' 등 5가지 관점에 따라 기윤실 사역이 구조화되어 있음을 보실 수 있습니다. 기윤실의 사역은 언제나 이 5가지 관점이 균형 있게 그리고 통합적으로 적용될 수 있도록 고민하면서 디자인되고 실행되고 있습니다.

그러나 새로운 기윤실의 비전을 선포하고 지난 3년 동안 열심히 수고하고 땀을 흘려 왔지만, 정말 우리가 잘 하고 있는가에 대해서 다시금 의문을 갖게 되었습니다. 이러한 고민은 단순히 어떤 프로그램을 선택하고 어떤 사업을 하는 것이 더 효과적이겠는가 하는 차원의 문제의식을 넘어서는 것입니다. 복잡하고 다양하고 다원적인 현대 사회와 소통하기에 우리의 비전과 사명이 정말 제대로 디자인되어 있는지에 대해서 보다 근본적인 물음과 성찰을 하게 되었습니다. 이러한 고민 속에서 지난 2월부터 기윤실은 Edgebone(윤선민 대표)이라는 브랜드 컨설팅 전문회사를 통해서 브랜드 컨설팅(비전-사명-핵심가치 한 방향 정렬 등)을 받고 있으며, 2011년 2월 회원총회를 통해 새로운 기윤실의 비전과 사명을 선포하기 위해 준비하고 있습니다.

급변하는 흐름 속에 있는 문화와 가치의 변동 속에서 '기윤실이 지향하고 있는 비전과 사명은 유효한 것인가?', '복음에 합당한 윤리적 삶은 어떻게 재구성되어야 하는가?', '금지의 윤리를 넘어서 자유의 윤리는 어떻게 가능할 수 있을까?', '행위지침의 윤리를 넘어 행위자의 덕을 구비시키는 길은 무엇인가?', '기윤실의 정체성과 운동의 비전을 어떻게 신뢰성 있게 소통할 것인가?'에 대해 새로운 모색을 하고 있습니다. 즉 지금 현재 기윤실이 안정되었다고 생각하는 균형상태가 결코 지속 가능하지 않다는 위기 의식 속에서 새로운 균형상태(New equilibrium)를 탐색하는 과정을 걷고 있다고 할 수 있습니다.

물론 이러한 도전은 2007년 비전 선포식 이후에도 해마다 계속되어 왔습니다. 2008년에도 기윤실의 운동본부장을 중심으로 기윤실비전프로젝트 그룹을 구성하여 기윤실의 비전과 사명이 어떻게 재구성되어야 하는지, 급변하는 시대에 어떻게 적절하게 응답할 것인지에 대해 고민해 왔습니다. 그 결과 기윤실 운동의 비전은, 새로운 사업과 프로그램을 넘어서, 사람들이라는 확신 속에 20년 후에도 지속 가능한 기윤실 운동을 위해 20대 청년그룹을 세우는 일에 역량을 집중하게 되었습니다. 그리고 취약계층 중학생들의 멘토링 사업인 '대한민국교육봉사단(씨드스쿨)'과 사회적 약자에 대한 포용과 배려의 리더십을 구비시키는 '대학생사회적리더십아카데미'를 진행하게 되었습니다. 그럼에도 2009년 7월 기윤실은 다시 새로운 도전을 위해 지금의 균형상태를 벗어나 새로운 균형을 간절히 모색하는 모험의 여정을 떠나고자 합니다. 기존의 균형상태를 부정하는 것은 아니지만, 보다 더 나은 균형을 찾아 떠난다는 점에서 '창조적 파괴'라 할 수 있습니다.

기윤실의 비전과 사명을 다시 설계하는(Re-Design) 과정은 다음과 같은 3가지 기본 원칙에 기초하고 있습니다.

첫째, 기윤실의 비전과 사명은 멋진 미사여구나 수사가 아닌 실현가능한 실재(reality)여야 한다는 측면에서 보다 구체적이고 실용적이면서도 매력적인 언어로 표현될 수 있어야 한다.

둘째, 기윤실의 비전과 사명은 소수의 리더들에 의해

고민되고 결정되는 것이 아니라, 가능한 한 많은 이해관계자들과 소통하고 협력하여 디자인되어야 한다. 이를 위해 기윤실을 22년 전 창립했던 손봉호 선생님을 비롯해서, 2009년 상반기에 대학생사회적리더십아카데미를 수료한 20대 청년들까지 세대와 역사를 아우르는 융합이 이루어져야 한다. 그리고 기윤실 이사, 회원, 후원교회, 지역 기윤실을 비롯해서, 기윤실과 협력하고 있는 외부의 다양한 시민사회단체들의 의견을 경청한다.

셋째, 이번에 진행되는 기윤실의 비전과 사명을 재설계하는 과정 전체를 한 권의 매뉴얼로 담아 내어 향후 다른 시민사회단체들이 비전과 사명을 고민할 때 도움이 될 수 있도록 준비한다.

기윤실의 비전과 사명, 핵심가치에 대한 재설계(Re-Design) 과정이 하나님의 신실하신 인도하심과 간섭 아래 잘 진행될 수 있도록 애정 어린 관심과 기도를 부탁드립니다.

21세기 기윤실의 과제와 비전

임성빈
(공동대표, 장신대 기독교와문화 교수)

Ⅰ 기윤실 운동에 대한 도전적 평가

기윤실 운동은 무엇보다도 크리스천들이 한국사회의 책임적 구성원이 되어야 한다는 자각에서 시작된 기독시민운동입니다. 크리스천으로서, 기윤실은 기독교적인 정체성을 더욱 분명히 하는 차별성을 유지해야 한다는 과제를 갖게 됩니다. 그러나 시민운동으로서, 기윤실은 사회적 책무를 강조하며 그것의 실현을 위하여 다른 시민단체들과 연대하는 데 우선적인 관심을 갖도록 촉구합니다.

이러한 관점에서 기독교적인 차별성과 시민운동의 특성인 포괄성이 모순 없이 조화를 이루고 있느냐는 질문이 제기될 것입니다. 정확한 증빙자료를 제시하기는 어렵지만 20세기 후반까지는 문화적으로 보수주의적인 한국사회의 성향이 기윤실과 다른 시민운동단체들의 연대를 특정한 분야에서 가능하게 했던 것이 아니냐는 추론도 가능할 것입니다. 예컨대 음대협의 활동이나 낙태 및 인간복제에 대한 반대운동 등에서 보인 활발한 연대활동을 그 예로 지적할 수 있을 것입니다. 그러나 이러한 사실은 문화적으로 진보적인 견해를 가진 단체들이나 개인들에게는 기윤실 운동에 대해 거리감을 가지게 하는 역효과를 낳기도 하였습니다.

21세기 들어 급변하는 사회 환경은 지금까지의 우호세력이라고 할 수 있었던 보수주의적 사회진영과 관계형성을 새롭게 할 필요성을 제시하고 있습니다. 출발과정에서 잘 나타나듯이 기윤실 운동의 모판은 일반적으로 개량주의적 보수신앙유형이라고 볼 수 있습니다. 여기서 보수적이라 함의 의미는 성경해석에 있어서는 문자주의에 가까운 입장을 취하면서, 현재의 사회 부조리에도 관심을 가지고 있지만 그것보다는 급진적인 사회변화로 인한 불안정과 부정의를 더욱 심각하게 보는 성향을 의미합니다. 그러므로 점진적인 사회개혁을 주창하게 됩니다. 점진적이라 함은 곧 개량적이라는 말로 바꾸어질 수도 있습니다. 이러한 기윤실 운동의 개량적 성향은 혁명적 사회주의 세력이 그 주요한 상대로서 득세하였을 때에는 비교적 명확하게 차별될 수 있었습니다. 그러나 이제 자본주의 세계 시장경제를 근간으로 하는 신자유주의가 전 세계적으로 득세하고 있는 이 시점에, 기윤실 운동은 오히려 급진적인 것으로 보이는 형편에 이르렀습니다. 필자가 파악하는 바로는 대부분의 기윤실 운동의 적극적 참여자는 보수적인 신앙유형에 속하는 이들입니다. 이와는 대조적으로 회원 중 상당수의 사회개혁관은 매우 급진적입니다. 급진적이라는 의미는 근본적인 개혁을 주창한다는 표현입니다. 과연 자신들의 보수적인 신앙과 급진적인 사회개혁관을 신자유주의가 득세하는 오늘의 삶에서 성공적으로 조화시키고 있느냐는 질문이 여기에서 제기됩니다.

Ⅱ 기윤실 운동의 과제와 비전

첫째, 기윤실 운동은 더욱 확장된 사회적 책무를 감당할 수 있도록 지도력을 발휘해야 합니다. 도덕적·지적 탁월성을 더욱 높이는 것이 이러한 지도력 확보의 필수적인 요소입니다. 여기에서의 도덕적 탁월성은 율법주의적 맥락에서가 아닌 복음의 자유함에서 비롯되는 탁월한 도덕이어야 할 것입니다. 그러므로 우리는 무엇보다도 복음이 주는 진정한 자유를 매일매일의 삶에서 체험하며 사는 영적 노력을 게을리하지 말아야 합니다.

동시에 기윤실 운동의 대사회 지도력은 지적 탁월성이 담보되어야 합니다. 이러한 지적 탁월성의 확보를 위하여 기독지성인들의 활발한 의견개진과 참여, 일종의 Think-Tank의 기능을 하는 활발한 활동이 우선적으로 요청됩니다.

둘째, 기윤실 운동의 가시적 열매는 대중적인 물리적 지지를 확보함으로 가능합니다. 이 점에 대해서 기윤실 운동은 다른 어느 시민운동단체들보다 유리한 환경을 갖추고 있습니다. 이미 전 인구의 1/4에 해당하는 기독인들을 잠재적 동참자로 확보하고 있기 때문입니다. 그러므로 기성교회에 대해 신실한 협력자와 건설적 비판자로서 기윤실의 자리매김이 절실한 과제입니다. 이러한 관점에서 강조하고 싶은 것은 기윤실이 교회에 대한 냉소적 비판자들의 연합체로 보이기만 해서는 안 된다는 것입니다. 기윤실은 기성 교회가 고민하는 문제들에 대해 개혁적 대안들을 제시할 수 있는 건설적인 역할을 감당할 수 있어야 합니다. 이런 의미에서 '대한민국교육봉사단(씨드스쿨)' 사역은 지금, 여기에서 우리가 감당할 수 있고, 감당하여야 할 최적의 사역 중 하나라고 생각합니다.

셋째, 저널리즘과 관계를 정립해야 할 과제를 지적하고 싶습니다. 과연 기윤실 운동과 저널리즘의 관계를 신앙적인 관점에서는 어떻게 해석할 수 있을 것인가? 혹시 운동으로서 결과 창출을 위하여 저널리즘의 치명적인 단점이라고 할 수 있는 '결코 단순하지 않은 현실이나 문제들에 대한 단순화'의 유혹에 빠져드는 우리는 아닌지도 반성해야 할 것입니다. 동시에 어떻게 하면 율법주의, 결과주의 혹은 공리주의의 유혹을 극복할 수 있을 것인지도 기독시민운동의 여전한 과제라고 할 수 있습니다.

　넷째, 기윤실 운동이 기독교적인 차별성을 유지하면서도 시민운동으로서 연대성을 유지할 수 있는 관건은 모든 사건을 더욱 통전적으로 해석할 수 있는 큰 틀을 가지는데 있습니다. 기독교적인 정체성과 사회적 책임을 다하려면 하나님을 사랑하는 것과 이웃을 사랑하는 것이 그와 같다고 하신 예수 그리스도의 말씀에 기초하여야 합니다. 무엇보다도 말씀은 우리에게 하나님은 크신 분이라는 것을 이야기하여 줍니다. 하나님은 '기독인인 나'와 '시민인 나' 모두의 주인이십니다. 또한 그분은 그로 말미암지 않고는 이 세상의 어느 것도 존재할 수 없었던 창조주이시며, 인간의 타락 이후에도 계속하여 구속의 사역을 베푸시는 구원자이시며 동시에 이 세계와 역사를 오늘도 주관하시는 분입니다. 그분을 주님으로 고백한다는 것은 온 세계에 대한 그분의 주권을 인정하는 것입니다. 그러므로 기윤실 운동이 그 활동범위를 하나님의 피조세계 전체로 정하여 나날이 그 영역을 확장하여 가는 것은 너무도 당연한 일입니다.

오만한 자의 자리에
앉지 아니하고

우창록

(이사장, 법무법인 율촌 대표변호사)

시편에는 "복 있는 사람은 오만한 자들의 자리에 앉지 아니"한다고 기록되어 있습니다. 여러 번 읽어 보았고 익숙한 구절이기에 그 뜻을 잘 안다고 생각하였습니다. 한 걸음 더 나아가 나는 오만한 자의 자리에 앉지 않았으니 복 있는 사람이라고 생각하고 있었습니다.

그러나 저는 최근에 와서야 제 자신이 얼마나 '오만한 자' 이었는지를 뼈저리게 느끼게 되었고, 이 말씀의 참 뜻을 조금씩 이해하기 시작하였습니다. 그러나 아직도 그 오만을 온전히 버리지 못한 안타까움이 있습니다.

일상생활에서 수없이 당하는 결정과 선택의 순간들마다 하나님의 뜻을 묻기보다는 저의 지식과 경험을 바탕으로 선택하고 결정하고서 하나님께 그저 저의 결정과 선택을 그대로 이루어 주실 것을 간구하였고 그것을 아주 자연스럽게 생각하고 살아왔습니다. 그러면서도 하나님의 뜻대로, 하나님에게 순종한다고 잘못 생각하고 있었습니다.

최근에 저로서는 도저히 어찌할 바를 모를 어려운 일을 당하고서야 비로소 저의 한계를 자각하고 그동안 의지하였던 저의 지식과 경험이 보잘것없다는 사실을 인식하게 되었고, "하나님, 이럴 때는 어찌하여야 합니까?"라고 물으며 저 자신의 오만에서 벗어나게 되었습니다.

이렇게 자신의 오만을 인정하고 겸손하게 하나님을 의지하는 마음을 가지게 되자 자비하신 하나님은 정말 꿈같은 길을 보여 주셨습니다. 이러한 경험을 통하여 저는 하나님을 의지하지 않는 것이 오만임을 인식하게 되었습니다. 그리고 지금까지 저의 생을 돌아보니 정말 오만하기 짝이 없는 사람이었다는 사실을 알게 되었습니다.

　기윤실을 섬기면서도 오만한 자의 자리에서 내려오기 위하여 부단히 노력하여야 하겠다는 생각을 합니다. 사랑하는 동역자 되시는 기윤실 모든 회원님들도 오만한 자의 자리에서 내려와 복 있는 자의 축복을 누릴 수 있게 되기를 기원합니다. 우리 모두의 일상이 항상 하나님께 무엇을 어떻게 하여야 할지를 물어보는 생활이 되었으면 좋겠습니다.

정직한 시민, 신뢰받는 공동체

강영안

(이사, 서강대 철학과 교수)

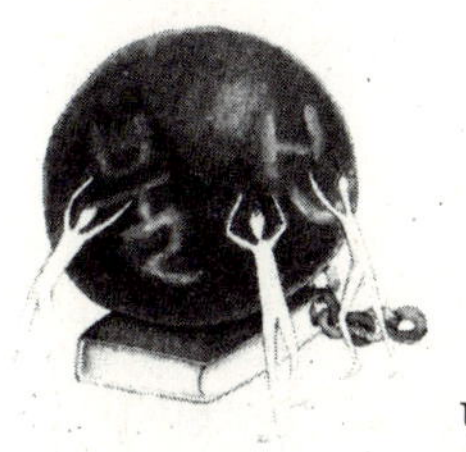

통계청이 지난 5월 26일 발표한 지난 해 인구통계에 따르면 개신교 신자는 876만 6천여 명으로 10년 전에 비해 14만 4천여 명(1.6%) 줄어든 것으로 나타났습니다. 반면 천주교 신자는 74.4% 증가하여 514만 1천여 명, 불교신자는 13.9% 증가한 1천 72만 6천여 명으로 조사됐다고 합니다. 개신교 신자 감소의 이유에 대해 이런저런 의견이 나왔습니다. 대외 이미지 실추, 사회변화에 내한 교회의 인식 부재, 각 교단의 교세 보고에 있었던 거품 등 그럴듯한 이유들이 나왔습니다.

모두 일리가 있다고 생각합니다.

저는 개신교 교인 감소 원인 중의 하나는 더 이상 전도가 되지 않는 것이고 전도가 되지 않는 이유 가운데 하나는 목사, 장로, 신자들이 다 같이 우리 사회에서 신뢰를 얻지 못하기 때문이 아닌가 생각합니다. 신뢰를 받는 데는 무엇보다 능력이 중요합니다. 그러나 같은 능력, 같은 실력을 가지고도 신뢰받지 못하는 사람, 신뢰받지 못하는 집단이 있습니다. 약속을 지키지 않는다든지, 언행이 일치하지 않는다든지, 거짓말을 한다든지 하는 경우입니다. 일관성이 없고 열매가 없는 경우입니다. 저는 이 모든 것이 결국 정직과 관련이 되지 않을까 생각합니다.

정직한 크리스천이 되는 것은 우리가 속한 교회, 우리가 속한 집단의 신뢰를 쌓는 일입니다. 정직이 곧장 신뢰를 안겨 주지는 않을지라도 정직하지 않고서는 신뢰를 얻을 길이 없습니다. 기윤실의 정직 운동은 신뢰를 얻게 하는 일이고 우리 한국교회가 신뢰받는 공동체가 되고, 우리 한국 사회가 신뢰 사회가 되는 데 기여할 것입니다. 우리 크리스천들이 좀 더 정직하고 좀 더 타인을 배려하고 좀 더 일관성 있는 삶을 산다면 우리가 전하는 복음이 참된 것임을 삶의 열매를 통해 보여 줄 수 있을 것입니다. 이렇게 해서 전도의 발판이 다시 마련될 것입니다. "기윤실 운동은 전도 운동이다."라고 종종 손봉호 자문위원장께서 말씀하신 것은 이런 이유 때문일 것입니다.

좌로나 우로나 치우치지 않는 기윤실 운동을 위해 기도하겠습니다

김동호
(공동대표, 높은뜻교회연합 대표목사)

하나님은 모세의 뒤를 이어 지도자가 된 여호수아에게 좌로나 우로 치우치지 말라고 말씀하셨습니다. 좌로나 우로 치우치지 말라는 하나님의 말씀은 제가 참 좋아하는 말씀입니다. 하나님이 저에게 주신 좌우명처럼 여기는 말씀입니다. 그런데 좌로나 우로 치우치지 말라는 하나님의 말씀은 무슨 뜻일까요? 구체적으로 어떻게 행동하라는 것일까요? 좌에도 우에도 관여하지 말라는 것일까요? 좌와 우는 다 틀

렸다는 말씀일까요? 저는 아니라고 생각합니다.

좌로나 우로 치우치지 말라는 말씀을 곰곰이 생각해 보면 좌도 우도 그 하나만으로는 완전하지 못하다는 뜻임을 알 수 있습니다. 사람이 왼손잡이가 있고 오른손잡이가 있듯 생각과 사상에도 좌와 우가 있는 것은 사실이지만 자기가 우라고 우로 치우치고, 자기가 좌라고 좌로 치우치는 것은 옳지 않다는 의미입니다. 위험하다는 의미입니다. 한 걸음 더 나아가 자기와 다르다고 정죄하고 판단하고 충돌하지 말고 자기와 다른 사람의 생각에 자기의 부족함을 채울 것들이 있으니 서로 존중하고 조화를 이루어 내라는 말씀입니다.

우리들은 누구나 대개 자기만이 옳은 생각을 가지고 있다는 착각 속에서 삽니다. 어떻게 하든지 자기와 다른 생각을 하는 사람들을 척결함으로써 자기가 살아가는 세상을 자기와 같은 사람들만 사는 세상으로 만들고 싶어 합니다. 저는 그와 같은 생각이 가장 위험한 생각이라고 봅니다.

저는 좌와 우보다 더 중요한 것이 있다고 생각합니다.

그것은 진리를 사랑하는 진심입니다. 진리를 사랑하는 진심이 없다면 좌든 우든 다 아무 소용이 없습니다. 우리가 너무 좋아하는 로마서 8장 28절의 말씀 "우리가 알거니와 하나님을 사랑하는 자 곧 그 뜻대로 부르심을 입은 자들에게는 모든 것이 합력하여 선을 이루느니라."라는 말씀이 바로 그 뜻이 아닐까 생각합니다.

예수님은 낡은 부대에 새 포도주를 담을 수 없다고 말씀하셨습니다. 새 포도주는 새 부대에 담아야 한다고 말씀하셨습니다. 새 포도주란 진리를 의미합니다. 영원히 변치 않는 늘 새로운 포도주는 진리를 의미합니다. 진리는 늘 새롭습니다. 진리는 변하지 않는다는 면에서 보수입니다. 그러나 늘 새롭다는 면에서 진보입니다. 보수란 낡은 것을 지키는 것이 아니라 새것을 지키는 것입니다.

새 포도주는 보수를 의미합니다. 포도주는 변치 않는 그래서 늘 새로운 진리를 의미하기 때문입니다. 그리고 그 진리는 힘써 지켜야만 한다는 면에서 포도주는 보수를 의미합니다. 그러나 새 부대는 진보를 의미합니다. 예수님의 말씀은 참 역설적입니다.

진리를 사랑하는 진심을 가지시기를 바랍니다. 자기 자신의 뚜렷한 주관과 입장을 가지되 자신만이 옳다는 고집과 아집을 버리고 자신의 한계를 인정하고 그 한계를 채우기 위하여 끊임없이 계속 진보하는 사람이 되시기를 바랍니다. 자기 개혁과 진보의 교훈을 자기와 다른 생각과 다른 입장을 가진 사람에게서 찾으실 수 있기를 바랍니다. 좌와 우를 편 가르기 하는 사람이 되지 말고 좌와 우를 화합케 하는, 이 시대의 여호수아와 같은 사람이 되시기를 바랍니다.

저는 오늘부터 기윤실 운동이 좌로나 우로 치우치지 않도록 기윤실을 위해 기도하겠습니다. 이 기도에 기윤실의 모든 가족들이 함께하실 수 있으면 참 좋겠습니다.

자유에 관한 단상

김일수

(자문위원, 고려대 법학과 교수)

얼마 전 다시 간통폐지론이 헌법재판소의 문을 박차고 들어갔습니다. 그들은 모든 사람에게 성적 자기결정의 자유가 있으며, 간통죄 처벌은 이 성적 자기결정권을 침해하므로 위헌이라고 주장했습니다. 최근에는 또 안락사자유화를 외치는 목소리도 헌법재판소 담을 뛰어넘어 들어갔습니다. 모든 사람은 자기 뜻대로 품위 있게 죽을 권리가 있는데, 우리나라의 법 제도에는 네덜란드, 미국, 오스트레일리아 일부 주에서 시행되고 있는 존엄사 법률이 없다면서, 국가가 무엇인가 해야 할 일을 하지 않고 있는 것이 문제라고 말합니다. 얼마 안 있으면 미국 캘리포니아 주 법원이 최근 내렸던 동성애자유의 합헌결정처럼 우리나라에도 동성애차별금지를 위한 헌법소원이 봇물을 이룰지도 모릅니다. 오랜 인류문명사가 말해 주듯 결혼과 가정, 생명의 존귀성을 보존하기 위해 인류가 금기시해 온 간통, 동성애, 안락사 같은 낙인의 굴레를 현대인은 너무도 거추장스럽게 여기는 경향이 있습니다. 그들이 추구하는 것은 절대 무제약적인 자유입니다. "Do as I please" 가 그들의 모토입니다.

그러나 이 절대 무제약적 자유는 원래 인간의 언어가 아니라 신적 언어입니다. 하나님만이 절대 무제약적 자유를 누릴 수 있습니다. 인간은 상대적인 자유, 제약적인 자유를 누리도록 창조된 존재입니다. 인간이 이 절대 무제약적 자유의 주인이 되려면 딱 한 가지 길밖에 없습니다. 신(神)을 죽여야 합니다. 니체의 초인의 철학이 그랬고, 사르트르의 무신론적 실존주의가 그것을 시도했습니다. 그러나 신 없는 인간의 자유는 만인의 만인에 대한 투쟁 상태, 만인의 만인에 대한 이리의 처지와 마찬가지며, 결국은 가치허무주의나 도덕적 무정부주의에 빠지고 맙니다. 그들에게 남은 자유란 고작 자살과 종말의 자유밖에 없습니다. 이 얼마나 빈곤한 자유이며 자유의 파멸입니까?

"진리를 알지니 진리가 너희를 자유케 하리라.", "주의 영이 있는 곳에 자유함이 있느니라."라고 성경은 말할 뿐만 아니라 예수 그리스도께서 친히 우리들에게 참 자유를 주신다고 말씀하셨습니다. 그의 사랑 안에서 우리는 타율적인 율법의 준수가 아니라 자율적인 순종과 섬김의 삶으로 나갈 수 있습니다. 이 사랑이야말로 그리스도로 말미암은 인도주의 정신의 인격적인 표현입니다. 예수 안에서 누리는 자유는 하나님 없는 사람들이 목마르게 부르다 지쳐 허무에 빠질 절대 무제약적 자유가 아닙니다. 그것은 하나님을 향하여 영적 발돋음을 하며, 이웃을 향하여 두 팔을 벌려 자신을 내어 주는 제약된 풍성함의 자유입니다. 시편 23편의 목가적 풍경처럼 인간은 목자의 울타리 안에 있을 때 참된 자유와 안식을 누릴 수 있습니다. 그런 사람은 간통이나 동성애, 낙태나 안락사가 결코 영혼에 만족을 주는 자유라고 생각하지 않을 것입니다.

제도의 개선과 함께 마음의 변혁을
강조한 선지자 예레미야

노영상

(기독교윤리연구소장, 장신대 기독교와문화 교수)

예레미야는 유다왕 요시야부터 시드기야까지의 제위 어간인 주전 640년에서 586년 사이에 활동한 예언자입니다. 성경은 요시야를 다윗에 버금가는 왕으로 칭송하며 그 시대를 번영의 시대로 말하는 바, 그것은 어느 정도 예레미야의 활동에 힘입은 것이라고도 할 수 있습니다.

열왕기하 22장에는 요시야 왕 시대에 일어났던 정치적 개혁에 대한 묘사가 나옵니다. 신하들이 율법책을 발견하여 왕에게 드렸다고 기록되어 있습니다. 이 본문은 요시야 시대에 새로운 국가적인 법이 정비되었음을 나타냅니다. 오늘의 말로 하면, 악법이 개폐되었다는 것입니다. 요시야 왕은 법적 장치를 새롭게 하는 제도 개선에 개혁의 역점을 두었습니다. 당시 율법이란 이스라엘을 다스리는 국가법의 역할을 하였던 것으로, 성서학자들은 그때 성전에서 발견된 율법책을 신명기서라 추정합니다.

예레미야는 제도를 새롭게 하였던 요시야의 개혁정치에도 불구하고, 국가가 부흥할 수 없음을 언급하였습니다. 외적인 제도의 개혁만 가지고는, 잘못된 나라를 바로잡을 수 없습니다. 예레미야는 다음과 같이 말합니다.

유대인과 예루살렘 거민들아 너희는 스스로 할례를 행하여 너희 마음 가죽을 베고 나 여호와께 속하라 그렇지 아니하면 너희 행악을 인하여 나의 분노가 불같이 발하여 사르리니 그것을 끌 자가 없느니라 _렘 4:4

예레미야는 제도의 개혁에 우선되는, 마음의 할례를 강조하였습니다(렘 9:26).

제도를 잘 개혁하는 것도 필요하지만, 그것을 운용하는 사람이 누구냐라는 것이 그것 못지않게 중요합니다. 백성들의 마음이 바뀌어야 합니다. 예레미야는 "예루살렘아 네 마음의 악을 씻어 버리라 그리하면 구원을 얻으리라."(렘 4:14)라고 말하고 있습니다. 마음의 악을 제하지 않고는, 진정한 국가적 부흥을 꾀할 수 없습니다.

사회가 변하면 개인이 구원받는다는 생각은 성경적이 아닙니다. 동양 사상에서도 개인변화가 사회변화를 추진합니다. 수신제가치국평천하라는 말이 있습니다. 자신, 가정, 그리고 나라와 인류로 변화가 확대되어야 한다는 말입니다. 독일의 신학자 몰트만은 다음과 같이 말하였습니다.

자기 스스로에 대한 자기 자신의 이해를 깊이 함이 없이, 민감한 사랑을 위한 그의 능력을 세움이 없이, 자기 스스로를 향한 자기신뢰와 자유를 발견함이 없이 다른 사람을 위한 행동을 하고자 하는 사람은 다른 사람에게 줄 수 있는 어떤 것도 그 자신 속에서 발견할 수 없을 것이다. … 다른 사람을 도움으로 그 자신의 공허를 채우려 하는 사람은 오직 바로 그 동일한 공허를 확산시킬 뿐이다. … 그 스스로 자유하게 된 자만이 남을 해방할 수 있으며 그들의 고난을 나누어 짊어질 수 있다. … 물론 이 말은 사회적이나 정치적인 행위 그 자체를 비판하는 말이 아니다. 반대로 이런 행위는 자신에 대한 앎을 통해서만 강화될 수 있다는 것이다.

몰트만이 말한 바와 같이, 우리의 깊은 내면이 변화되지 않은 상태에서, 사회가 변하리라고 기대하는 것은 온당치 않습니다.

최근 기윤실은 국가의 제도적 개선 문제와 함께, 국민들의 마음을 변화시키는 방법에 대해 연구해 오고 있습니다. 국가를 진정 변화시키는 것은 제도나 형식이 아니며, 마음의 신념과 미래에 대한 비전임을 잊어서는 안 됩니다. 뜨거운 마음과 미래에 대한 확고한 비전만이 우리 사

회를 바르게 할 수 있습니다. 표면적인 개혁과 함께, 마음
의 변혁을 이루어 민족의 밝은 내일을 만들어 나갔으면
합니다.

신뢰가 주도하는
교회와 사회를 생각하며

손인웅

(이사, 덕수교회 담임목사)

하나님이 주도하시는 신뢰에 적극적으로 참여하도록 서포터가 되어 돕고 응원하는 일에 강도를 높이고 있습니다. 이처럼 기독교윤리실천운동이라는 미션을 진지하게 다루며 조직적으로 이 땅에 하나님 나라의 구현을 위해 헌신하는 기윤실 및 동역자들에게 진심으로 박수를 보내고 싶습니다.

한국교회는 역사상 보기 드문 눈부신 성장을 이루어

왔으나, 지금은 온전한 삶이 간과된 양적 성장의 후유증을 심각하게 앓고 있습니다. 그 일례로 교회와 크리스천에 대한 대사회적인 이미지와 신뢰 실추의 문제는 가볍게 여길 수 없는 상황입니다. 한국 크리스천들은 온전하고 건강한 신앙인의 삶에 대해 뚜렷한 비전을 품지 못하고 막연하게 생각하는 경향이 있는 것 같습니다. 그렇기 때문에 신앙인 개인이나 교회가 사회 속에서 무엇을 어떻게 해야 하는지에 대해 구체적인 생각을 충분히 하지 못하고, 하나님의 진리에 따른 가치들을 어떻게 실천해야 하는지에 대한 삶의 태도와 실천에 힘을 발휘하지 못하고 있습니다. 그리고 그러한 삶의 실천이 하나님의 나라와 어떤 관련이 있는지에 대한 소명의식이 불분명하여 악순환이 반복되고 있습니다. 이러한 문제들에 대해 기윤실은 여러 가지 정책과 프로그램을 운영하며 신앙인 개인과 교회가 하나님 나라의 부르심에 응답하는 주체들이 되도록 세워 가는 일을 하고 있다는 점에서 꼭 필요한 사역을 감당하는 귀한 곳이라 생각합니다.

사역의 중요성과 소중함을 함께 공유하며 기윤실 운동

이 보다 더 충실한 열매를 맺을 수 있으리라 생각되는 두 가지 의견을 나눠 보려 합니다.

첫째, 기윤실 내부에서 조직한, 분야별로 실천하는 기독교윤리실천운동이 끊임없이 운동의 당위성만을 강조하며 주장하는 모임에 머물지 않고 그 본질적인 정신처럼 실천하는 운동(movement)이라는 성격이 분명하게 유지될 수 있도록 관리해 나가야 할 것입니다. 영역별 사업들이 얼마나 실천되고 있으며 실제 효과가 어떤지를 지속적으로 점검하며 사례들을 모아 모델링 작업을 하고 그것을 기반으로 더욱 실천에 추진력을 높일 수 있어야 할 것입니다.

둘째, 다양한 형태의 기독교윤리의 실천이 지향하는 것이 궁극적으로 하나님의 나라라는 것을 언제나 명료하게 견지해야 한다고 생각합니다. 즉, 교회에 대한 신뢰의 추락의 원인을 규명하고 그에 대한 대안과 방향제시를 통하여 윤리 실천을 지원할 때에 윤리만을 다루지 말고 윤리의 뿌리인 그리스도적 영성에 깊은 관심을 기울여야 합니다. 운동에 참여하는 개인이나 교회가 기독교적 영성을 강화해 나갈 수 있도록 강조하여서 표면적인 병리현상뿐만 아니라 근본적인 치유가 일어나도록 노력해야 할 것입니다.

오늘도 기윤실과 동역자들은 하나님 나라 실현을 궁극적 목적으로 삼으며 오늘 여기(here and now) 교회와 사회에 신뢰가 뿌리내릴 수 있도록 중단 없는 항해를 계속하고 있습니다. 기윤실은 크리스천이라면 누구나 필요를 느끼고 누군가 시작해 주기를 바라는 절실한 과제를 앞장서서 끌어안고 세상을 향해 몸을 던지고 있습니다. 이러한 헌신을 통해 하나님이 주도하시는 신뢰가 교회와 사회에 더욱 풍성한 결실이 있기를 기도합니다.

유구무언입니다

송인수
(이사, 사교육걱정없는세상 공동대표)

얼마 전 동생이 7년 정도 끌던 차를 가져가지 않겠냐고 제안했습니다. 그 차는 어머니가 몸이 좋지 않아서 오래 전에 동생이 구입한 장애인용 LPG 차량인지라, 차 값이나 가스비가 무척 저렴한 차였습니다. 비록 아내가 출퇴근용으로 이용하는 차였지만 우리 집도 차는 있었고, 저는 대중교통을 이용하는 것을 좋아하기에 굳이 또 하나의 차는 필요 없었습니다. 그렇지만 몸이 불편하신 어머니를 위해 그 차를 구입하였고, 가끔씩 병원에 모시고 가야 할 형편을 생각하니 처분하는 것이 좀 망설여졌습니다. 여기에 또 다른 불편함이 있었습니다. 기윤실 운동 초창기 때 소형차 타기 운동…. 비록 고물이지만 중형차를 끌고 다니는 것, 그것도 차 두 대씩이나 갖고 있는 것이 옳은가. 아무도 무엇이라 말하지 않았지만 기윤실 정신이 주는 불편함으로, 이도 저도 결정 못한 채 있었습니다.

기윤실은 아직도 내게 그런 존재로 남아 있습니다. 운동이라는 이름으로, 남의 생활에 개입해서 삶을 불편하게 만드는 것은 오래전 기윤실의 장기(長技)였습니다. 그러나 그런 '불편함'은 세상을 바꾸고자 하는 시대적 열망과 확신을 갖는 조직과 운동의 본질적 특징이니 피해갈 일이 아니었습니다.

몇 년 전 기윤실의 비전을 새롭게 하는 일에 대한 고민을 하던 중, 기윤실의 핵심 가치에 대해 새삼 재정리할 기회가 있었습니다. 그것은 '검소, 절제, 정직'과 같은 생활 실천 가치와, '사회적 약자에 대한 배려' 같은 사회 정의적 가치였습니다. 그 가치를 운동으로 풀어내는 것은 가

깝게는 우리 내부 회원들과 교회에게 무수한 긴장과 불편을 주었습니다. 소형차 타기 같은 운동이 전개되자, 어쩔 수 없이 중형차를 탈 수밖에 없던 회원들은 사무실을 방문할 때 멀찌감치 주차를 하고 오는 그런 '외식'을 선택해야 했습니다. 정직과 관련해서 한국교회가 정직의 가치대로 살지 못할 때, 기윤실은 교회의 수준을 인정하기보다는 하나님 나라의 큰 가치와 규범, 아니 우리 사회에서 통용되는 표준적 가치로 교회를 이끌려 했습니다. 그래서 거친 항의도 받고 도전도 받았습니다.

기윤실 20년의 역사를 돌아볼 때, 제가 가장 자랑스러웠던 순간은 교회세습반대운동 때였습니다. 세습을 진행 중인 어느 큰 대형 교회 앞에서 검은 플래카드를 들고 침묵으로 시위하며 울던 그 시절의 아픈 기억이 새롭습니다. 그때 그 현장에서 저는 제가 기윤실의 회원이라는 것이 너무도 자랑

스러웠습니다. 교회와 시대의 모순 한복판에서 결코 불편함을 회피하지 않고 그 시대의 아픔을 몸으로 받아 내는 일은, 홀로 기도를 하는 힘이었고, 말씀을 듣는 의욕이었습니다. 그렇게 '하나님 나라의 가치'로 교회를 불편하게 만드는 기윤실의 그 정신이 너무도 소중했습니다.

그러나 왠지 요즘은 기윤실에서 그런 불편함을 느끼지 못해 서운합니다. 내 삶의 연약한 부분, 대충 넘어가려 하는 부분을 비수같이 비집고 들어와서 고발하며, 시대와 교회의 모순 핵심에 서서 불편을 감수할 것인가를 회원들에게 요구하는 그 '거친 운동'이 그립습니다.

기윤실은 사명을 다한 조직인가. 우리 사회는 충분히 정직하여 더 이상 기윤실이 활동을 멈추어도 될 정도가 되었는가 우려됩니다. 시민으로부터 시작하여 최고 권력에 이르기까지, '정직'이라는 개념은 '태어나지 말았어야 할 사생아'인 것처럼 현실 속에서 무참히 짓밟히는 오늘을 우리는 살고 있는데 말입니다.

그래서 기윤실은 창립 이래로 가장 뜨겁게, 가장 의욕적으로 일을 할 전기를 맞고 있습니다. 그러나 이상하게 조용합니다. 기윤실로 인해 제 삶이 불편해지지 않습니다. 명색이 이사인 제가 이런 이야기를 하니 회원들은 말할 것입니다.

"누굴 핑계 대겠소. 이사인 당신 책임 아니겠소?"

유구무언입니다.

기윤실, 이대로 좋은가?

이장규

(공동대표, 서울대 전기컴퓨터공학부 교수)

요즘 우리 사회는 독선과 분열이 극치를 이루고 있습니다. 자연히 그 안에 사는 사람들은 불안하고 짜증이 날 수밖에 없습니다. 국제금융위기가 몰아닥치면서 많은 중소기업은 문을 닫고 직장을 구하지 못하는 젊은이들은 늘어만 가고 있으니 우리나라 경제를 떠받드는 중간 계층이 붕괴되어 경제 하층 계급으로 내몰리고 있습니다. 이 와중에 가진 자는 오히려 좋은 기회가 왔다고 더 많은 부를 축적하고 있으니 나눌 줄 모르고 자기만 잘살면 된다고 생각하는 사람들로 채워진 이 사회에서는 가진 자와 못 가진 자 사이에 갈등만 증폭되고 있습니다. 정치, 지식인들은 어떠할까요? 좌, 우로 나뉘어 독선과 비방이 난무합니다. 끔찍한 독설을 서슴지 않고 내뱉고 있습니다. 남을 배려할 줄 모르고 자기와 생각이 다른 사람의 의견을 존중할 줄 모르니 생각이 다른 사람과 어울려 살지 못하고 폭력과 폭언을 일삼는 부랑배와 다를 바가 없습니다. 그러므로 이를 지켜볼 수밖에 없는 국민들은 불안하기 짝이 없습니다.

산업이 발전하면서 우리나라는 이제 경제적으로 부유한 나라가 되었으나 삶의 질은 형편없습니다. 국민소득은 세계 14위를 차지하지만 부패지수는 40위가 넘는 것이 단적인 예입니다. 독선과 분열이 난무하며 갈등으로 점철된 이 사회에 살면서 느끼는 삶의 질 체감온도는 이보다 훨씬 낮습니다. 이 나라를 떠나 다른 나라로 이민 가고 싶어하는 젊은이들이 많아지는 이유가 여기에 있는 것입니다. 이 사회의 안정과 인간적인 삶을 위협하는 이와 같은 갈등은 상당 부분 도덕적 타락에 기인합니다.

도덕적으로 타락한 사회에서 기윤실은 우리 눈의 들보를 먼저 뺀 다음 사회를 향한 선지자적 사명을 감당하고자 시작되었으며 이것이 기윤실이 존재하는 목적이 되었습니다. 한 사회의 도덕적 타락을 바로잡는 것은 개인적인 노력만으로는 힘듭니다. 사회를 좀 더 맑고 살 만한 곳으로 바꾸어 보자는 뜻을 가진 사람들이 함께 운동을 벌이는 것이 기윤실 운동의 존재 이유입니다.

지금과 같이 불안하고 불쾌한 삶을 살아가고 있는 이 나라 사람들을 위해 기윤실은 그 역할을 잘 감당하고 있을까요? 집은 무너져 내리는데 더럽혀진 방을 치장하느라 바쁜 것은 아닌지요? 회원들의 무언의 질책이 느껴져 마음이 무겁습니다.

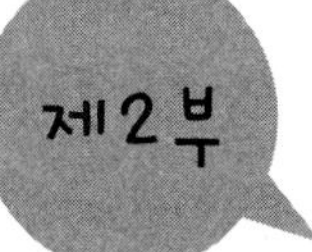

시민 실천운동의 비전

가랑비에 옷 젖습니다

신동식
(생활신앙실천운동 본부장, 빛과소금교회 담임목사)

소나기가 쏟아지거나 장마철이 되면 사람들은 비를 피하기 위하여 단단히 준비를 합니다. 그래서 창이 넓은 우산과 굽이 높은 신을 준비합니다. 그리고 갈아 신을 수 있는 양말도 준비합니다. 또한 감기에 걸리기라도 할까 하여 단단히 옷도 갖춰 입습니다. 그리고 비 내리는 바깥으로 담대하게 걸어 나갑니다. 누구나 할 것 없이 이렇게 합니다. 그런데 놀랍게도, 가랑비가 내리면 사람들은 신경을 쓰지 않습니다. 비가 오고 있는데도 괜찮다고 하거나 심지어는 오는 것이 아니라고 합니다. 그러나 그들은 얼마 되지 않아 흠뻑 젖은 자신을 발견할 것이고 기침 콧물이 나오는 감기라는 복병에 제대로 걸려들 것입니다. 가랑비라고 우습게 여기면 큰코다치게 됩니다.

이것은 신앙의 영역에서도 동일합니다. 진리를 가볍게 생각하고 의심 가는 교리를 쉽게 받아들이면 큰일을 당하게 됩니다. 존 플라벨의 다음의 말을 귀담아 들어야만 합니다.

"낯선 사람들을 대접하다 보면, 우리도 모르는 사이에 천사들을 대접하게 될 때가 있다. 그러나 낯선 교리를 무조건 받아들이다 보면, 자신도 모르는 사이에 마귀에게 물들어 버린다."

우리 시대는 교리를 무시하는 시대가 되었습니다. 문제는 교리가 천대받자 이단들이 활개를 치고 있다는 점입니다. 우리의 주위를 돌아보시기 바랍니다. 얼마나 많은 이단들이 활약하고 있는지 모릅니다. 잘못된 오류에 빠져 있으면서도 담대하게 전하는 그들의 모습을 보면, 오싹함 마저 느껴집니다. 이들은 베드로 사도의 말처럼 죽기로 작정된 이성 없는 동물과 같은 모습을 하고 있습니다. 그래서 대단히 저돌적입니다. 이성 없는 동물들을 상대하기란 참으로 힘든 일입니다. 이러한 이들을 볼 때 착잡함을 느낍니다. 더구나 하나님의 가르침과 관계없이 살다가 결국 영원한 지옥에 갈 것을 생각하면 가슴속 깊은 곳에서 탄식이 들려옵니다.

그런데 문제는 이러한 이성 없는 동물과 같고 불의의 값으로 불의를 당하는 이들에 의하여 많은 수의 성도들이 맥없이 넘어지고 있다는 사실입니다. 그래서 이곳저곳에서 탄식 소리가 들려옴을 봅니다. 그런데도 많은 교회가 천하태평입니다. 이들의 유혹에 빠졌다가 헤어나온 한 성도는 교회가 왜 바른 진리를 가르쳐 주지 않느냐고 항변하였습니다. 이 외침에 교회가 잠잠해서는 안 됩니다. 많은 교회들이 어떻게 해서라도 성장하여 대형교회가 되는 것을 소망하고 있습니다. 교회가 성장하는 것은 중요합니다. 그러나 성장이 모든 것을 다 주지 않습니다. 영혼이 죽어 가는 성장은 차라리 하지 않는 것이 좋습니다.

교회는 바른 진리 안에서 세워져야 합니다. 예수가 그리스도이심을 분명하게 고백하며 우리의 죄는 오직 예수 그리스도의 십자가의 은혜 아래서 해결됨을 바르게 알려 주어야 합니다. 성도의 수준은 목사의 신학적 수준과 비슷하게 가르침을 받고 세워져야 합니다. 그러므로 교회가 성장하는 것에 좋다고 교회만 오면 구원받은 것으로 여기고 무조건 받아들이는 것은 정말로 위험합니다. 이러한 모습은 처음에는 교회가 성장하기에 좋지만 후에는 치유할 수 없는 아픔을 남길 수 있습니다. 우리는 그러한 모습을 자주 목격하고 있습니다. 이적과 치유가 복음의 본질인 양 외치는 이들이 만들어 놓은 오늘 교회의 현실은 모래성과 같습니다. 복음을 진지하게 생각하지 않습니다. 거룩한 삶에 대한 고민이 없습니다. 쉽게 믿고 쉽게 포기합니다. 우리가 하나님 앞에 서게 될 날이 결코 멀지 않습니다. 성경이 말씀하는 소리를 들어야 합니다. 그리고 진지하게 살피고 결단하여야 합니다. 그리고 결정하였으면 어떠한 일이 있더라도 변질되어서는 안 됩니다.

특별히 믿음의 선진들이 남겨 놓은 신앙고백을 잘 살펴야 합니다. 그들이 왜 목숨을 걸고 교회에 신앙고백서를 남겨 놓았는지 알아야 합니다. 오늘날은 신앙고백서에 대한 공부가 없습니다. 너무나 값싼 복음으로 구원을 확정하여 주기 때문입니다. 그러나 선배들은 그렇게 하지 않았습니다. 교리와 신앙고백에 대한 치열한 나눔을 가졌습니다. 그리고 교회에서 거짓 선지자들이 판치지 않도록 온 힘을 다하여 교회를 지켰습니다. 교회의 문턱이 작아지면 교회는 성장할 수 있지만 하나님의 나라는 비어 갑니다. 권위의 문턱은 낮아져야 하지만 신앙의 문턱은 낮아져서는 안 됩니다. 낮아지는 것은 마귀가 기뻐할 일입니다. 낮아졌기에 거짓 선지자들이 날뛰어도 감지하지 못하는 것입니다. 그러므로 다시금 회복하여야 할 것이 있다면 바로 믿음의 선배들이 고백하였던 신앙고백입니다. 이것이 진리를 분별하는 힘이며 마귀를 이기는 길입니다.

교회가 건강하게 서고 개인의 삶이 말씀에 의해 지배

받고 민족이 정직하게 세워지기 위해서는 바른 교리 안에 세워진 교회가 있어야 합니다. 그러한 믿음을 고백한 성도들이 있어야 합니다. 그래서 세상으로 하여금 복음이 무엇인지 알게 하고 복음으로 사는 자들의 삶이 무엇인지 보여 주어야 합니다. 아무리 생각해도 하나님이 기뻐하시는 것은 바른 복음을 회복하는 것에 있습니다. 온전한 성경관을 찾는 것에 있습니다. 그리고 선배들의 신앙고백을 심사숙고하여 살피고 우리의 신앙을 점검하는 것에 있습니다. 우리 모두 쉽게 살아가는 신앙에 만족하지 말아야 합니다. 쉽게 가다가 자신도 모르는 사이에 지옥 문 앞에 다다를지도 모르기 때문입니다. 우리의 유일한 푯대인 그리스도를 바라보면서 진지하게 신앙과 삶에 대하여 살피면서 그 나라 갈 때까지 담대하게 달려가야 합니다.

자신의 십자가를 지고
주를 따르기

백종국

(이사, 경상대 정치행정학부 교수)

마태복음 16장 24절에서 예수님은 우리에게 그의 제자가 되는 길을 명백하게 말씀하셨습니다. "자기를 부인하고 자기 십자가를 지고" 따라오라고 하셨습니다. 자신의 십자가를 증오하고 자신을 내세우고 물질과 건강의 축복에 젖어 있기를 바라는 사람은 그리스도의 제자가 될 수 없습니다.

하나님의 나라에 충성하는 일은 사탄의 나라에 반역하

는 일이므로 반드시 그 세력과 충돌하게 되어 있습니다. 우리가 어떤 나라에 살면서 그 나라를 전복하고 새로운 나라를 세우려 한다면 그 나라를 유지하려는 세력과 전쟁을 피할 수 없음과 같습니다. 사탄의 세력에 전쟁을 선포했으면 이 전쟁으로 발생하는 모든 고통을 감당할 각오를 해야 합니다. 공중에 권세를 잡고 때가 차기까지 이 땅을 지배하고 있는 세력에게 전쟁을 선포하고도 편히 살기를 바라십니까? 본질적으로 크리스천에게 십자가는 불가피합니다.

우리의 연약함이 우리의 십자가라고도 할 수 있습니다. 그 자체가 우리의 십자가일 뿐 아니라, 이 연약함이 불러일으키는 고난 또한 우리의 십자가입니다. 어리석음, 탐욕, 게으름, 편견, 무지와 이것들이 불러일으키는 고통의 그물이 주님의 뜻대로 살고자 하는 우리를 강력히 얽어매고 있습니다. 창조의 은총으로 모든 선한 것에 대한 비전은 갖고 있으나 그것을 실행할 힘은 없습니다. 이 때문에 바울 사도는 "오호라 나는 곤고한 사람이로다. 이 사망의 몸에서 누가 나를 건져 내랴."라고 탄식하였습니다.

자신의 십자가를 지고 그리스도 앞에 겸손히 나아갑시다.

형제, 자매의 연약함이 곧 나의 십자가입니다. 우리는 그리스도를 통해 한 나무의 가지로 연결되어 있습니다. 어느 한쪽 가지가 마르고 병이 들면 나무 전체가 고통을 받기 마련입니다. 이를 견디지 못하여 갈등하고 저주할수록 그 나무는 더욱 고통을 겪게 될 것입니다. 그 나무의 몸통이신 그리스도는 형제, 자매의 연약함을 나의 십자가로 받아들이라고 말씀하십니다. 우리가 그의 가지로 남아 있으려면 다른 가지의 연약함을 측은히 여기고 이로 인한 고통을 감내하는 인애의 마음이 필수적입니다.

우리 기독교윤리실천운동에 참여하는 형제, 자매들은 그리스도의 제자들이고 따라서 각자 자신의 십자가를 지고 그를 따르는 자들입니다. 우리가 이미 전쟁 상태에 돌입했다는 사실을 깨닫고, 우리의 연약함과 형제, 자매의 연약함으로 발생하는 모든 고통을 나의 십자가로 받아들입시다. 이것은 우리의 대장 예수께서 명령하신 바이므로 피할 수 없는 우리의 숙명입니다.

크리스천의 자기 기만

김선욱

(삶의정치·윤리운동 본부장, 숭실대 철학과 교수)

제게 한 친구가 있었습니다. 이 친구는 크리스천이 아니었지만 삶에 대한 태도는 어느 크리스천보다 더욱 성실하고 훌륭한 사람이었습니다. 가족을 사랑하고 정직하고 친구들에게 항상 친절하며 최선을 다하는 태도를 가지고 있었습니다.

언젠가 그 친구와 제가, 얼마나 많은 돈을 벌며 살 것인가를 놓고 대화한 적이 있었습니다. 그 친구는 자신이 가족과 함께 살 집과 궁핍하지 않을 만큼의 생활비와, 자신의 친구가 도움을 요청할 때 돌려받지 않을 생각을 하며 빌려 줄 수 있는 돈 어느 정도만 가지고 있으면 적당하겠다고 대답했었습니다.

저는 그 친구가 크리스천이 되기를 바랐습니다. 그래서 신앙서적을 선물한 적도 있었고, 성서의 말씀을 나눈 적도 있었습니다. 그런데 어느 날 그 친구는 제게 다음과 같은 이야기를 했습니다.

친구가 크리스천인 자기 선배를 방문했던 때의 일입니다. 그 선배는 곤경에 처해 있는 것 같았습니다. 이런저런 이야기를 하는 가운데 그 선배가 경제적인 긴급 상황에 빠져 있는 것을 알게 되었습니다. 아직 학교를 다니고 있었던 때라 선배의 경제적 곤경은 몇십만 원 정도의 돈으로 해결될 수 있었던 문제였습니다. 부산에서 올라와 대학에서 경영학을 전공하며 자취를 하고 있었던 친구라 집에서 보내 준 돈을 잘 관리하여 여윳돈이 있었습니다.

얼마 후 친구는 선뜻 그 돈을 선배에게 내주었습니다. 그 돈을 받은 선배는 너무나 기뻐하면서 모든 감사를 하나님께 올렸습니다. 자기가 하나님께 기도를 했더니 응답을 하셨다는 것이었습니다. 하지만 그 선배는 한 가지를 잊어버리고 말았습니다. 막상 자신에게 돈을 빌려 준 후배, 즉 내 친구에게 감사하는 것을 잊어버린 것이었습니다. 하나님을 찬양하고 감사하는 말을 친구 앞에서 잔뜩 늘어놓았지만 말입니다.

집으로 돌아오면서 친구는 이렇게 생각했다고 합니다. 선배가 크리스천이어서 하나님께 감사하는 것은 좋지만, 그래도 실제로 돈을 빌려 준 내가 응당 받아야 할 감사도 있지 않은가. 이건 뭔가 잘못된 것이 아닌가. 그래서 그 친구는 선배에게 빌려 준 돈은 꼭 돌려받아야 하겠다고 마음을 먹었답니다. 그리고는 제게, "크리스천은 원래 그런가? 기독교적 관점에서 보면 그 행동은 정당한 것인가?"라고 물어 왔습니다.

신앙을 갖는 것은 초월적인 하나님에 대해 믿음을 갖는 것입니다. 불신앙은 그런 존재에 대한 믿음이 없는 것이겠지요. 그런데 초월적인 하나님을 믿는다고 해서 스스로 모든 것을 초월해 버려서는 곤란하겠지요. 이 세상에 살면서 모든 것을 초월한 것처럼 살아 버린다면 이는 칠저한 자기 기만에 빠진 것입니다. 삶 자체는 초월이 아니니까요.

　이런 자기 기만에 빠진 크리스천은 현실의 삶에 기울여야 할 적절한 배려를 하지 않습니다. 그것이 자기 기만인 이유는 주변의 현실을 파괴하기 때문이지요. 불신자이지만 정직하고 성실한 사람은 윤리적 삶의 근거를 이웃과 자신의 삶에서 찾습니다. 그래서 삶에 더욱 충실하게 됩니다. 이들의 눈에는 자기 기만에 빠진 크리스천의 잘못이 크게 보일 수밖에 없습니다.

　제 친구는 교수가 되어 안식년 휴가를 미국으로 갔다가 거기 한인교회에서 크리스천이 되어 세례까지 받고 왔습니다. 그런데 귀국한 지 한참이 지나도록 교회를 결정하지 못하더군요. 지금도 그렇게 지내고 있습니다. 신앙이 바른 삶의 문제만이 아니라지만, 신앙을 가졌다고 해서 그런 바른 삶에 대한 의식이 무의미할 수는 없습니다. 아니, 바른 신앙은 삶으로 나타날 수밖에 없지 않은가라고 생각하며 우리의 삶을 주목해 보는 비신앙인들의 눈과 그들이 던지는 아픈 말들은, 사실은 우리의 신앙을 생각할 때 참으로 감사한 일일 수밖에 없습니다.

●●●●

이 이야기는 칸에서 낭보를 들려준 영화 "밀양"에 대한 인터넷 기사를 읽다가 떠올리게 된 저의 한 친구에 대한 기억입니다. "밀양"은 크리스천의 삶을 돌아보게 만들 좋은 영화라는 생각이 들었습니다. 특히 위와 같은 관점에서 이 영화의 의미를 새겨 보았으면 합니다. 이 친구는 지금 가족과 헤어져 하늘나라에 가 있습니다.

적게 쓰고 나누어야

손봉호

(자문위원장, 고신대 석좌교수)

기윤실은 신뢰운동에 이어 금년에는 '나눔 운동'을 새로 펼치기로 했다 합니다. 좋은 시도입니다. 가진 것을 못 가진 사람과, 많이 가진 것을 적게 가진 사람과 서로 나누는 것은 사회도 바람직한 것으로 취급하지만 성경이 강조하여 권장하는 것입니다. 그것은 기윤실이 해야 하는 기독시민운동의 핵심에 자리 잡아야 합니다. 과거에도 그런 운동을 한 일이 있었습니다.

자라나는 기부문화와 기독교의 기회 상실

요즘 우리 사회에도 기부문화가 조금씩 형성되고 있습니다. 경제수준이 높아짐에 따라 자연적으로 일어나는 현상이라고 해석하지 말고 건강한 사회의 좋은 모습이라고 칭찬하고 기뻐해야 합니다. 태안 앞바다 기름유출 방제작업에 100만여 명이 자원봉사를 한 것은 거액의 기부 못지않게 우리 마음을 훈훈하게 하는 우리의 자랑거리입니다. 살인, 강도, 수뢰, 탈세 등 못된 짓들이 아직도 많이 남아 있지만, 그래도 우리 사회는 조금씩 발전하고 있음이 분명합니다.

기독교가 이런 문화에 눈에 띄게 앞장서지 못한 것은 안타까운 일입니다. 물론 오른손이 하는 것을 왼손이 모르게 하라는 주님의 명령에 따라 세상에 알려지지 않은 선행을 한 크리스천들이 없지는 않을 것입니다. 그러나 전도와 하나님의 영광을 위해서 그런 선행이 좀 알려졌으면 하고, 좀 더 많은 선행이 이루어졌으면 하는 마음이 없지 않습니다. 특히 요즘처럼 기독교가 사회에서 비난을 받고 있는 상황에서는 더더욱 그런 소망을 갖게 됩니다.

적게 쓰고 나누어야

그런데 성경의 가르침에 입각한 기부는 쓰고 남는 것으로 하는 것이 아닙니다. 우리 자신이 먼저 적게 쓰고 남는 것을 없는 사람이나 부족한 사람과 나누어야 합니다. 그렇게 하려면 검소하게 살고 소비를 절제해야 합니다. 기윤실 초기에 정직과 더불어 검소절제를 강조한 것은 우선 그래야 물질에 욕심이 줄어들고 정직해질 수 있다는 이유에서였지만, 동시에 그렇게 해야 이웃과 나눌 수 있다는 것도 중요한 이유 가운데 하나였습니다.

사실 검소절제 없이 나눌 수는 없습니다. 사람의 욕심과 소비에는 한계가 없으므로 절제하지 않으면 항상 모자랍니다. 그러므로 어떤 나눔에도 절제는 필수적입니다. 그리고 절제하면 할수록 그만큼 더 나눌 수 있습니다.

물론 소비절제는 나눔 이외에 환경보존을 위해서도 필수적입니다. 최근 전 세계는 기후 온난화란 전대미문의 위기를 맞고 있습니다. 많은 사람들이 이제까지 이 재앙을 과학기술의 발달로 해결할 수 있다고 믿어 왔지만 이제 그것이 잘못임을 깨닫기 시작했습니다. 소비절제 없이는 해결할 수 없습니다. 그러므로 절제는 기윤실 운동의 핵심으로 취급되어야 합니다.

나눔은 의무

나누되 누구와 나누는가도 중요합니다. 많이 가진 이웃과 나누는 것은 무의미합니다. 우리의 나눔이 진정한 가치를 가지려면 가장 못 가진 사람들과 나누어야 합니다. 기독교는 세계적인 종교이므로 크리스천은 전 세계를 대상으로 하여 활동해야 합니다. 아프리카나 동남아시아에서는 지금도 매일 수만 명이 가난 때문에 죽어 가고 있습니다. 국내에도 가난하고 힘든 사람들이 없지 않지만, 그보다 더 도움이 필요한 사람들을 돕는 것이 우리의 나눔을 더 가치 있게 만드는 것이 아닌가 생각합니다.

나눔을 과잉임무로 여기는 것은 우리가 조심해야 할 생각입니다. 즉 나누는 것은 좋은 일이고 나누지 않는 것은 굳이 잘못이 아니라고 생각하는데, 성경은 그렇게 가르치지 않습니다. 성경은 나눔을 정의의 실천으로 보고 있습니다. 따라서 나눔은 크리스천의 의무입니다. 자선은 선행이지만 정의는 의무입니다. 바울은 나누는 것이 "다른 사람들은 평안하게 하고 너희는 곤고하게 하려는 것이 아니요 균등하게 하려 함이니 이제 너희의 넉넉한 것으로 그들의 부족한 것을 보충함은 후에 그들의 넉넉한 것으로 너희의 부족한 것을 보충하여 균등하게 하려 함이라."(고후 8:13-14)라고 하였습니다. 즉 나누지 않으면 불공평하므로 나누어서 공평하게 하자는 의미입니다. 이런 정신으로 나눔 운동이 이루어지기를 바랍니다.

회원이 중심이 되는
기윤실을 만들어 주세요!

박은조
(이사, 분당샘물교회 담임목사)

요즘 한국 사회는 정치·사회적으로 경이로운 경험을 하고 있습니다. 인터넷을 통해 시민이 직접 여론을 만들어 내고 권력을 감시하며 심지어 직접 행동까지 스스로 조직해 내는데 이것은 이전에 우리가 경험하지 못했던 새로운 현상입니다. 시민의 이런 직접적인 정치 참여에 우려할 점이 있기는 하지만, 지금까지 우리의 정치가 소수의 정치인들에 의해 주도되어 온

것을 감안하면 경이로운 경험이 아닐 수 없습니다.

사회학자들은 이 새로운 경험을 인터넷의 발달과 '웹 2.0 시대'라고 일컫는 문화 현상에 기인한다고 분석하고 있습니다. 웹 2.0 시대에는 더 이상 일방적인 의사소통은 존재할 수 없습니다. 모든 사람이 여론과 콘텐츠의 생산자요, 소통의 주체입니다. 정치 역시 더 이상 국민과 충분한 소통 없이 소수의 사람들에 의해 주도될 수 없으며, 국민들도 더 이상 객체로서 수동적으로 바라보고만 있지 않습니다.

이런 현상은 교회와 시민운동에도 동일하게 적용될 수밖에 없습니다. 지금까지의 시민운동은 소수의 명망가와 활동가들이 주도하고 시민들은 들러리처럼 따라가는 방식의 운동이었기에 '시민 없는 시민운동'이라는 비판을 받아 왔습니다. 그러나 이제 더 이상 이런 방식의 시민운동은 존재할 자리가 없습니다. 시민과 소통하고 시민이 직접 참여하여 만들어 가는 운동이 아니면 시민들의 참여를 이끌어 내지 못할 뿐 아니라 시민운동 스스로 존립할 수가 없습니다. 기윤실 역시 이런 시대적 변화에 발맞추어 회원 여러분과 소통하며 회원 여러분이 주체적으로 참여하는 기윤실 운동을 만들어 가고자 노력하고 있습니다. 아직은 많이 부족하지만 지속적으로 부단히 노력해 갈 것입니다.

회원 여러분께서 스스로 주체의식을 갖고 주도적으로 참여하여 기윤실 운동을 완성해 주시기 바랍니다. 특히 기윤실은 일반적 시민운동과 달리 단체의 사업적 성과와 더불어 회원 여러분이 복음에 합당한 윤리적 삶을 일상 속에서 지속적으로 실천할 때 비로소 완성됩니다.

그런 의미에서 기윤실이 지금 진행하고 있는 회원확대 캠페인 '1+1=희망무지개 꿈꾸기' 는 회원 중심의 기윤실 운동으로 발전해 가는 과정의 산물입니다. 회원 여러분의 주도적인 참여를 통해 더 많은 동역자들이 기윤실 운동에 동참하게 되면 기윤실은 회원 중심의 운동으로 발전할 수 있는 동력을 얻게 될 것입니다. 현재의 회원 여러분이 주도적으로 기윤실 운동을 만들어 가고 새롭게 동참하는 회원들이 적극적으로 참여한다면, 기윤실은 우리 사회에 새로운 시민운동의 모델을 제시할 수 있는 운동으로 발전할 수 있을 것입니다.

사랑하는 회원 여러분! 기윤실이 시대의 변화에 발맞추어 회원 중심의 운동으로 발전하고 사회 안에서 건강하고 선한 영향력을 갖는 운동이 될 수 있도록 다 함께 힘을 모아 주십시오. 회원 여러분의 애정 어린 기도와 적극적인 참여를 부탁드립니다.

더 낮게, 더 느리게, 더 가까이

이우근

(이사, 법무법인 충정 대표변호사)

세계평화와 인류화합을 이념으로 하는 근대올림픽의 캐치프레이즈는 '더 높이, 더 빨리, 더 멀리' 입니다. '더 높이' 는 높이뛰기 선수들만의 목표가 아닙니다. 모든 선수들은 시상대의 더 높은 자리에 올라서서 자신의 나라 국가가 연주되는 것을 듣기 위해 지금도 인간의 한계에까지 도전하는 혹독한 훈련을 거듭하고 있습니다. '더 멀리' 는 각종 던지기, 넓이 뛰기 선수들의 꿈입니다. 물론 올림픽구호의 꽃은 '더 빨리' 입니다. 마라톤과 중·단거리 달리기 등의 육상종목은 물론 수영, 트랙경기, 철인경기에서도 가장 빨리 목표에 다다르는 선수가 우승을 차지하게 됩니다.

그런데 '더 높이, 더 빨리, 더 멀리'는 이제 스포츠에만 한정된 구호가 아닙니다. 현대 경쟁사회에서 '더 높이, 더 빨리, 더 멀리'는 사회 각 부문의 기능과 인간의 모든 활동을 지배하는 삶의 원리가 되었습니다.

건물만 높이 올라가는 것이 아니고 산악인들만 더 높은 산에 오르려는 것이 아닙니다. 수많은 사람들이 오늘도 더 높은 성취의 자리에 오르기 위해 발버둥치고 있습니다. 자동차 속도만 더 빨라지는 것이 아닙니다. 현대의 정보통신기술은 하루가 멀다 하고 그 전달속도를 빠르게 빠르게 갱신해 가는 중입니다. 비행기나 우주선들만 더 멀리 날아가고 싶은 것이 아닙니다. 모든 무역회사들이 지구 곳곳의 더 먼 장소에까지 새 상품을 들고 달려가기 위해 치열한 경쟁을 벌이고 있습니다.

모두가 더 높이 올라가려는 시대에 자기 삶의 자리를 '더 낮게' 내려 잡고, 더 빨리 앞으로만 달려가려는 사회에서 무슨 바보인 듯 '더 느리게' 휘적거리며, 더 멀리 나아가려는 사람들 틈에서 무엇엔가 '더 가까이' 다가가려는, 마치 시대를 거꾸로 사는 듯한 이단아들이 얼른 눈에 띄지 않습니다.

그러나 '더 높이, 더 빨리, 더 멀리' 달려가려는 무한경쟁의 시대에 '더 낮게, 더 느리게, 더 가까이' 다가가려는 노력은 결코 바보스러운 짓이 아닙니다. 시야의 폭이 보다 넓은 것이고 마음이 보다 넉넉한 것이며 인품이 보다 묵직하기 때문입니다. 혹은 성서가 말하는 겸손일 수도 있겠습니다.

낮은 곳, 그 소외된 자리를 향하는 애틋한 연민, 느릿한 관조와 성찰, 대상에 가까이 다가가 관계를 더욱 풍성히 하는 친화력…. 그 중후하고 위엄 있는 품성을 만나기 어려운 것은 그야말로 시대의 슬픔이 아닐 수 없습니다.

종교계라고 해서 크게 다르지 않습니다. 교회당 건물을 '더 높이' 지어 올리고, 교회성장을 '더 빨리' 달성하고, 선교사를 '더 멀리' 내보내려는, 무슨 스포츠경기 같은 성취욕구들이 한국교회를 휘어잡고 있는 듯합니다. 높은 곳을 떠나 저 낮은 자리를 지향하는 고요한 열정, 성장을 늦추는 한이 있더라도 성숙과 내실을 튼실하게 다져가는 '느림'의 지혜, 해외선교사를 멀리 내보내기 전에 스스로 먼저 이웃들에게 복음의 증인으로 가까이 다가가는 믿음의 실천…. 이런 영성의 인격을 만나기가 쉽지 않다는 말입니다.

'더 높이, 더 빨리, 더 멀리'의 성취 욕구는 결국 '더 크게, 더 넓게, 더 많이'라는 탐욕의 구호에서 크게 벗어나지 않으며 '잘살아 보세'라는 조국근대화의 옛 구호와도 별로 다르지 않을 뿐 아니라 실용이라는 오늘의 시대정신과도 그리 멀어 보이지 않습니다. 반면에 '더 낮게, 더 느리게, 더 가까이'라는 신념은 '바르게 살기, 참되게 살기'의 올곧은 정신에서만 나올 수 있는 가치입니다.

실용의 정신이 전혀 없어서도 안 되겠지만, 실용이 유일의 도그마(dogma)가 되어서는 더욱 안 될 일입니다. 실용의 시대정신을 감히 거스르는 '거룩한 어리석음'이야말로 역설적으로 이 시대에 가장 절실하게 요청되는 지혜가 아닐까요? 이 거룩한 어리석음을 종교 말고 다른 어느 곳에서 찾아야 한다는 말입니까?

　　기독교는 콘스탄틴 황제의 국교화 이후 무서운 속도로 타락의 길을 향해 내리달렸습니다. 가톨릭은 교황의 위세가 왕과 황제들의 권세보다 더 높았던 중세에 부패의 극치에 이르렀습니다. 기독교의 역사는 하나님께서 무수한 '종교바벨탑의 우상'들을 깨뜨려 오신 발자취와도 같습니다. 배부른 종교, 부유한 성직자들은 언제나 하나님의 심판대 앞으로 가까이 다가서곤 했습니다. 오늘날도 마찬가지입니다. 그러기에 키르케고르는 "번영으로 쇠망한 종교는 기독교밖에 없다."라고 탄식했습니다. 하나님과 맘몬(mammon)을 함께 섬겼기 때문입니다(마 6:24). 맘몬은 부, 물신을 뜻하는 아람어로 '돈(money)'의 어원이 된 말입니다.

　　메시아가 대로마제국의 호화로운 황실에서 지체 높은 황태자로 태어나

지 않고 압박받는 땅 유대 촌구석의 마구간에, 그 누추하고 '낮은' 자리에 가난한 목수의 아들로 탄생하신 것을 나는 늘 감사히 여기고 있습니다. 예수님이 늠름하고 재빠른 백마가 이끄는 황금마차를 타지 않고 저 '느려터진' 나귀새끼에 올라타신 것을 나는 큰 기쁨으로 삼고 있습니다. 로마로, 아라비아로, 스페인으로 머나먼 선교여행에 나선 일 없이 그저 '가까운' 갈릴리와 유대 땅을 돌아다녔을 뿐인 예수님의 행로(行路)를 나는 매우 경이로운 섭리로 느끼고 있습니다. '더 높이, 더 빨리, 더 멀리'의 실용적 값어치를 예수님은 알지 못했던가 봅니다.

그리스도가 무병장수의 복을 누리다가 80세가 넘어 편안한 임종을 맞지 않고, 머리 둘 곳조차 없는 간고한 삶을 살다가 젊디젊은 나이에 사형수가 되어 십자가의 모진 고통 속에 죽어간 것을, 참 죄송한 말이지만, 나는 늘 고맙게 여기고 있습니다. 본 회퍼(D. Bonhoeffer)의 말대로 '고통 속에 계신 하나님만이 우리의 고통에 대한 답변을 소유'할 수 있기 때문입니다. 그 고통과 역경이 우리로 하여금 부패하지 않고 나태하지 않으며 타락하지 않게 지켜

줄 것입니다. 이 거룩한 어리석음, 그 비실용적인 영성이
바로 성서가 가르치는 신앙이 아닐까요.

이 비좁은 한반도에서, 남쪽은 영양과잉으로 솟아오른
비만의 살과 피나는 전쟁을 벌이며, 자신이 실컷 먹어 쌓
아 놓은 지방덩어리를 도로 뽑아내느라 혈안이 되어 있는
반면에 저 어둑한 북녘 땅에서는 살가죽이 뼈에 맞닿은
어린아이들이 오늘도 무수히 굶어 죽어 가고 있다는 끔찍
한 모순이 무슨 일상사처럼 아무렇지도 않게 벌어지고 있
습니다. 아니, 북쪽에까지 갈 것도 없습니다. 외환시세 덕
분에 국민소득 2만 달러를 거뜬히(?) 달성하고 문화선진국
을 지향해 간다는 이 나라에는 나날의 생계를 걱정해야
하는 극빈층이 아직도 헤아릴 수 없이 많습니다. 저들의
아픔을 외면하는 한, 선진국은 물론이고 문화국은 꿈도
꾸지 못할 일입니다.

실용이라는 새 정부의 국정목표가 시의성 있는 '정책'
의 차원을 넘어 이 시대의 새로운 우상이나 또 다른 이념
적 도그마로 자리 잡지 않도록 '더 높이, 더 빨리, 더 멀
리'의 신념을 감시하고 비판함으로써 '실용을 실용답게,

정말 품위 있는 실용답게' 만들어 가는 보완의 성찰이 필
요합니다. '더 낮게, 더 느리게, 더 가까이'의 보람을 아는
두툼한 인문정신…. 모두가 '가격'을 궁금해 하는 시대에
홀로 '가치'를 찾아 헤매고, 성장을 추구하는 세태 속에서
내밀한 성숙을 지향하며, 영광을 바라는 사람들 가운데서
스스로 고난과 희생을 무릅쓰는 우둔함, 그 거룩한 어리
석음 말입니다.

돈과 생명

박상은
(이사, 샘병원 의료원장)

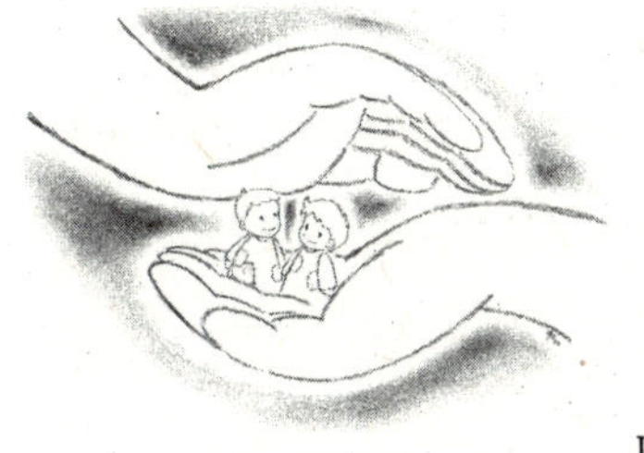

돈이냐? 생명이냐? 4월을 모두 생명의 계절이라고 합니다. 만물이 소생하기 때문이겠지만, 더 깊은 의미가 함축되어 있습니다. 예수님이 이 땅에 생명으로 오신 날이 크리스마스가 아니라, 마리아 태중에 연약한 인간배아의 모습으로 성육신하신 날이 4월이라는 사실을 혹 아시는지요? 또, 우리에게 영원한 생명을 주시기 위해 십자가에 달리신 고난주간도 4월이요, 죽음을 이기시고 생명의 주님으로 부활하신 날도 4월입니다.

이 생명의 계절 4월에 우울한 소식을 접했습니다. 한국의 여성 자살률이 OECD국가 중 세계1위라는 것입니다. 한편, 더 많은 돈을 벌기 위해 석면을 화장품과 약품에 첨가하고, 육수에 기관지확장제를 첨가한 사실도 밝혀졌습니다. 중국의 우유생산업자가 더 높은 가격의 등급을 받기 위해 우유에 멜라민이라는 화학물질을 첨가한 사건도 얼마 지나지 않았습니다. 멜라민이 첨가된 우유는 분유로 만들어져 아이들의 주식이 되었고, 이 분유를 원료로 수많은 과자와 초콜릿이 만들어져 아이들의 간식이 되고, 늘 마시는 자판기 커피에도 멜라민이 함유되어 온 국민이 멜라민 공포에 휩싸이게 되었습니다. 단백질 함유량을 올려 돈을 벌겠다는 얄팍한 상혼이 어떤 결과를 가져왔는지 생각만 해도 치가 떨림을 금할 수 없습니다.

모든 인간에게는 세 가지 권리가 주어져 있습니다. 생명을 누릴 생명권과 건강을 지킬 건강권, 그리고 행복을 추구할 수 있는 행복권이 그것입니다. 문제는 이러한 권리가 서로 충돌할 때 무엇이 우선하느냐입니다. 돈을 벌어서 잘살아 보겠다는 생각이 잘못된 생각은 아닐 것입니다. 문제는 그 과정에서 누군가의 건강과 생명이 훼손된다면 이는 올바르지 못한 결정입니다. 돈보다 더 소중한 것이 바로 건강이요, 생명이기 때문입니다. 옛날부터 어르신들께서 늘 하시던 말씀이 기억납니다. "돈을 잃으면 조금 잃는 것이요, 명예를 잃으면 많이 잃는 것이요, 건강을 잃으면 모든 것을 잃는 것이다."

21세기, 돈으로 못할 것이 없는 세상이라고 하지만, 돈으로 살 수 없는 것이 바로 생명입니다. 온 우주를 얻고도 목숨을 잃으면 무슨 유익이 있겠느냐는 성경말씀은 대대로 진리의 말씀입니다. 어떻든 우리 아이들의 건강과 생명을 지키기 위한 노력은 아무리 강조해도 지나치지 않습니다. 의약품뿐 아니라, 모든 먹거리의 안전까지도 식약청에서 일괄하여 관리하도록 함으로 보다 체계적인 행정체계를 갖추고, 식품에 관여하는 모두가 생명과 직결되고 있는 고귀한 직업임을 깨달아 매사에 최선의 노력을 기울여야 합니다. 최근 계속되는 자살 소식에 안타까운 마음에 잠을 이룰 수 없습니다. 이 역시 사채놀이꾼들의 협박과 네티즌의 악플, 그리고 생명에 대한 경시사상이 함께 이루어 낸 결과로 여겨집니다.

돈이 소중하긴 하여도 그 때문에 생명을 포기해서는 안 됩니다. 평생 그 빚을 갚느라 고생하는 한이 있더라도, 그리고 사람들에게 그 어떤 수모의 말을 듣는다 할지라도 생명을 스스로 거두어서는 안 될 일입니다. 우리에게 주어진 것은 생명권이지, 생명결정권은 아니기 때문입니다. 그 누구 하나 스스로 선택해서 태어나지 않았고, 마찬가지로 스스로 선택해서 죽을 권리도 없습니다. 삶과 죽음의 생명결정권은 오직 신에게 속한 권리이기 때문입니다.

우리는 심장의 맥박이 멈추기까지 주어진 생을 끝까지 달려야 합니다. 비록 느리게 달리고, 굽이굽이 달린다 할지라도, 우리 모두는 마라톤 경주자처럼 끝까지 삶을 완주해야 합니다. 하지만, 이러한 생의 여정에 우리가 물 한 바가지 서로 껴얹어 주며 서로 격려하며 뛴다면 얼마나 좋을까요? 현대를 살아가는 우리네 삶이 너무 고달프고 각박하기에 서로를 돌아볼 여유가 없는 현실이 가슴 아픕니다. 지금 내 옆에 외로움과 슬픔으로 힘들어하는 동료가 어느 날 문득 자살한다면 나는 그에게 과연 누구일까요? 나로 인해 혹 힘들어하며 세상을 떠나기로 마음먹는 이웃은 없습니까? 나의 아들과 딸이, 나의 배우자가, 나의 직장 동료가 나의 무관심과 냉정한 태도에 자살의 충동을 느끼고 있지는 않습니까? 청소년 열 명 중 다섯 명이 자살 충동을 느낀 적이 있고, 이중 한 명이 실제 자살을 시도해본 적이 있다는 통계에 가슴이 철렁 내려앉습니다.

이제 서로 사랑합시다. 사랑만 하기에도 짧은 인생인데, 비난하고 질투하는 것에 너무 많은 시간과 정력을 들이고 있는 것은 아닌가요? 좀 부족해도 한마디 격려의 멘트를 남기면 어떨까요? 악플보다는 우리 모두 사랑의 메신저가 되면 어떨까요? 지금 이 아침에 문득 생각나는 사람이 있다면 문자를 날려 봅시다. 혹 자살을 생각했던 이웃도 사랑의 문자에 다시금 용기를 내어 살기를 기대해 봅니다.

"사랑합니다. 힘내세요!"

정직한 마음, 감사의 향기

황호찬
(감사, 세종대 경영대학원 교수)

주를 믿는 자의 인생은 깊이와 길이의 여정입니다. 이 여정은 깊고 깊어서 그 끝을 짐작할 수 없고, 길고 길어서 영원까지 잇대어 있습니다. 아무리 깊게 내려간다 해도 바닥에 도달하기 전에는 그 밑을 안다 할 수 없고, 아무리 열심히 달린다 해도 마지막 한 걸음을 내딛지 못하면 여전히 결승점을 넘지 못한 것입니다.

그렇습니다. 인간의 능력은 거기까지입니다. 처음부터 인간은 하나님 앞에 두 손을 들고 엎드려야 했습니다. 입이 있어도 입을 열어서는 안 되는 것이었으며 하나님의 생각과 우리의 생각이 다름을 인정해야 했습니다(사 55:8).

인간이 정직하다 한들 어찌 하나님의 정직에 이를 수 있으며, 감사한다 한들 어찌 하나님의 마음에 합할 수 있겠습니까. 차라리 한계를 솔직히 인정하고 창조주의 자비를 구해야 했습니다.

그러나 아직 우리에겐 이런 형편없는 우리를 하나님께서 결코 내치지 않으셨다는 소망이 있습니다. 하나님의 사랑, 멈출 수 없는 하나님의 사랑 이외에는 결코 설명될 수 없는 일이 일어난 것입니다. 도저히 이해도 상상도 되지 않지만 이미 죽은 인간에게 한 가닥 살 길이 주어졌습니다. 그분 안에만 있으면, 새롭게 태어나기만 하면, 이 세상 살 동안에도 조금은 주님의 뜻을 헤아릴 수 있다 말씀하셨습니다(빌 4:13). 이제야 진정으로 흐르는 강물의 노래 소리를 듣게 되고, 이름 모를 들꽃들의 속마음을 읽을 수 있게 되었습니다.

세상은 온통 거짓과 부정, 불평과 불만, 고통과 분열, 당쟁과 시기, 탐욕과 분냄으로 시끄럽기만 합니다. 기윤실은 이러한 세상 속에서 하나님의 나라가 이 땅에 임하시는 데 조금이라도 쓰임을 받고자 오랜 세월 동안 한시도 쉼 없이 달려왔습니다.

그러나 잠시 하던 일을 멈추고 뒤로 물러나 잠잠히 하나님을 기다리는 것은 어떨까요(시 62:1). 하나님을 위한 일에 열심을 내기 전 먼저 하나님의 마음을 읽고 그분의 임재를 온 몸으로 받아들임은 어떨까요? 그리하여 종일토록 하나님과 같이 걸으며 그분의 무궁하심에 접붙인 바 되면 어떨까요? 그리하여 세상이 도저히 알지 못하는 깊이까지 내려가 보며 세상이 도저히 상상할 수 없는 영원에 잇대어 봅니다. 그토록 메말랐던 가슴이 은혜의 비로 촉촉해지며, 끝도 없는 일에 파묻혀 늘어졌던 팔에 새 근육이 돋아납니다. 얕고 허울뿐인 정직이 새롭게 태어나며, 진심이 빠진 혀만의 감사가 아름다운 향기가 되어 온 세상에 퍼져 나갑니다. 인간의 한계도 그에 따른 변명도 멈춰 버립니다. 기윤실이 다시 태어났습니다.

비록 짧은 봄, 하루를 산다 하여도 단 한순간만이라도 주께서 말씀하시도록 잠잠히 귀를 기울입니다. 예수님의 체취가 기윤실을 감쌉니다. 축복의 봄이 그 한가운데를 지나가고 있습니다.

주의 이름을 불러라

황형택
(이사, 강북제일교회 담임목사)

입체주의 회화라는 새로운 영역을 개척한 화가가 있습니다. 세기의 천재 파블로 피카소입니다. 피카소는 13세에 이미 더 이상 잘 그릴 수 없을 만큼 완벽한 묘사 능력을 자랑했습니다. 평생 무려 1만 6,000여 점에 달하는 회화 작품과 소묘, 650점의 조각(우리는 그가 회화만 그린 줄 알지만), 2,000여 점의 판화를 제작한 탁월한 화가였습니다.

그렇게 탁월한 그에게도 화가의 정체성마저 위태로웠던 고통의 시기가 있었습니다. 청춘의 고통과 우울함, 복병처럼 찾아든 가난과 향수병, 미래의 불안으로 1901년부터 1904년까지 캔버스를 온통 어두운 청색으로 물들인 시기가 있었습니다. 그는 영혼과 캔버스를 어둡고 우울해 보이는 청색으로만 염색했습니다. 피카소의 격렬했던 청춘의 '청색시기' 였습니다.

그러나 피카소는 고통의 청색시기에만 머물러 있지 않았습니다. 격렬했던 아픔으로 자신을 무너뜨리지도 않았습니다. 고통의 시기를 무사히 지나 따뜻한 눈으로 세상을 바라보기 시작했습니다. 이제 세상은 장밋빛으로 변해버렸습니다. 자신의 재능에 강한 자신감을 회복한 그의 캔버스는 따뜻한 분홍빛으로 물들여졌습니다. 불과 몇 년 사이에 이렇게 달라질 수 있을까 믿어지지 않을 정도였습니다. 그 시기를 사람들은 우울한 청색시기를 지난 피카소의 따뜻한 '장밋빛 시대' 라고 부릅니다.

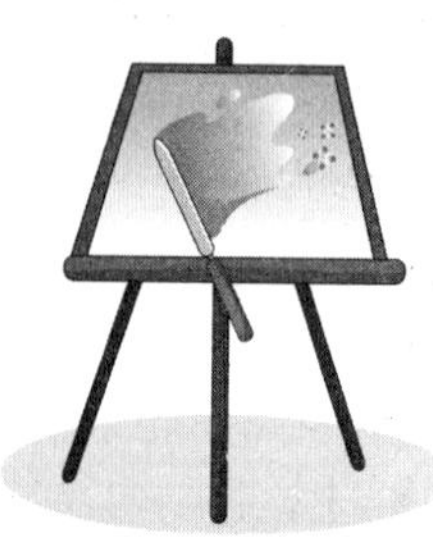

요즘 제2의 IMF를 말합니다. 경제만이 아닙니다. 정치권에도 IMF, 아니 총체적인 난국이라 해야 할 정도입니다. 사회 곳곳에 깊은 수렁이 패이기 시작했습니다. 겨우 한 수렁을 벗어나면 또 다른 거대한 늪이 우리를 가로막습니다. 이 수렁을 언제 빠져나갈 수 있을까 의구심이 들 만큼 첩첩산중입니다. 우리에게 청색시기가 언제 지나가고 따뜻한 장밋빛 시대가 올까요? 기대를 접어 버릴 만큼 어둡습니다.

그러나 기억하십시오. 소망을 품고 있는 사람에게는 결코 절망은 없습니다. 소망의 하나님은 하나님의 사람을 절망 안에 가두어 두시는 분이 아닙니다. 사도 바울의 절절한 외침을 기억해 보십시오.

우리가 사방으로 우겨쌈을 당하여도 싸이지 아니하며 답답한 일을 당하여도 낙심하지 아니하며 박해를 받아도 버린 바 되지 아니하며 거꾸러뜨림을 당하여도 망하지 아니하고 _고후 4:8-9

무엇 때문입니까? 주의 이름을 부르는 우리에게는 능력의 보배가 있기 때문입니다. 비록 우리는 첩첩산중에서 빠져나갈 길을 모르는 질그릇에 불과하지만 '능력의 심히 큰 것이' 우리에게 있는 것이 아니라 보배로운 하나님께 있기 때문입니다. 그 하나님이 우리 하나님이기 때문입니다. 우리에게는 분명 더 확실한 장밋빛 시대가 있습니다. "누구든지 주의 이름을 부르는 자는 구원을 얻으리라." 그렇습니다. 절망의 시기에는 주의 이름을 불러야 합니다. 그분만이 우리의 시대를 '장밋빛 시대'로 바꾸어 주실 것이기 때문입니다.

교회
신뢰회복운동의
비전

죽은 질서가 아니라
생수의 흐름을 만들어 가기를

황영익

(목회자리더십포럼 본부장, 서울남교회 담임목사)

2년 전 저희 교회 교인들과 함께 필리핀 북부 오지에 의료봉사활동을 갔던 적이 있습니다. 9박 10일 동안 의료 혜택을 전혀 받지 못하는 원주민, 극빈자들이 모여 사는 어촌 마을 등지에 가서 의료봉사를 하고, 전도도 하고 함께 찬양하는 등 많은 활동을 하였습니다. 어느 마을에서 예배 시간에 제가 설교를 한 후 서로 축복송을 부르고 기도하는 시간을 가지게 되었습니다. 성령께서 강하게 임재하시는 가운데 우리는 부둥켜안고 눈물을 흘리며 서로 축복하고 기도하였습니다. 예배 후 마을 사람들과 인사를 나누는데 제가 악수를 청하면 사람들이 제 손등에 입을 맞추었습니다. 특히 아이들은 대부분 그렇게 인사하였습니다. 이는 아마도 가톨릭 문화권에서 사제에게 행하는 인사법일 것입니다. 하지만 제 손등에 입을 맞추는 그 행위는 제 마음에 큰 파문을 일으켰습니다. 그 행위에서 성직자에 대한 신뢰와 의탁의 마음이 느껴졌기 때문입니다.

지난 2월 기윤실 목회자리더십포럼이 시작되었습니다. 이 포럼은 우리나라 모든 사람들이 한국교회에 신뢰의 입맞춤을 하고, 교인들은 목회자들에게 '거룩한 입맞춤'으로 문안하는 꿈으로 시작되었습니다. 비현실적인 꿈과 기대처럼 보입니다만 이러한 희망과 비전의 기도를 놓지 않고 포럼은 한 발자국씩 나아가고자 합니다. 세상은 교회를 신뢰하고, 교인들은 목회자를 신뢰하며, 목회자들은 진정한 목자가 되어 영혼을 섬기는 아름다운 성경적 그림을 그려 가는 행진을 하고자 합니다.

이 포럼은 건강한 교회를 꿈꾸며 성경적인 리더십을 실천하고자 하는 목회자의 모임입니다. 함께 모여 기도하고 하나님이 원하시는 교회와 목회를 소망하고 연구하며 작은 실천들을 해 보고자 합니다. 저는 본부장으로서 이 포럼이 어떤 조직이 되기를 원치 않습니다. 맑고 순수한 영성과 목회적 이상을 품은 분들이 모여 건강한 목회적 삶을 살아내는 어떤 상징과 같은 만남이 되기를 바랍니다. 마치 학회와 같이 연구만 하는 그룹이 아니라 성령 안에서 행동하는 누룩이 되고 싶습니다. 모양만 내는 운동이 아니라 요한복음 10장의 선한 목자와 같은 작은 비유가 되기를 바랍니다. 성경적 목회원리와 함께 기윤실의 정신과 가치를 담은 도덕적, 정신적 탁월성을 지닌 목회를 외치는 빈들의 소리가 되기를 바랍니다.

우리는 기윤실 목회자 리더십 포럼의 사명선언서를 다음과 같이 진술하였습니다.

"기독교적 가치와 윤리에 입각한 바른 교회 건설과 성경적인 목회의 비전을 실천하는 현장목회자의 운동으

로서, 성경적 리더십 원칙과 도덕적 탁월성 및 영적 지
도력을 지닌 목회리더십에 대해 연구, 계몽하고 이를
선언하고 확산시켜 나가는 참여 네트워크이다."

이 고백은 이제 막 시작하는 목회자리더십 포럼의
DNA입니다. 이 정신이 참여하는 목회자들만이 아니라
한국교회 현장에 널리 뿌리내리도록 기도해 주시기 바랍
니다. 무엇보다도 날마다 기도의 자리에서 한국교회 목
회자들을 위해 사랑과 눈물로 기도해 주시기를 당부 드
립니다.

우리 기윤실 회원들이 추진하는 TRUST Initiative 운
동과 교회신뢰회복운동은 한국교회를 새롭게 하는 생수
와 같은 운동이라고 생각합니다. 교회의 도덕적 회복과
체질개선, 이를 통한 한국교회의 신뢰도 회복이라는 목표
는 사실 목회자의 자기 갱신과 리더십 문화의 변화를 시
급히 요청하고 있습니다. 특히 기윤실은 교회 안에서 교
회와 함께 나아가는 실천적인 운동이기 때문에 목회자의
참여가 매우 중요합니다. 그동안 평신도 중심의 운동이

요, 평신도의 자발성을 기본 동력으로 성장하여 온 기윤실 운동은 목회자의 참여 및 건강한 목회자 운동과 결합할 때 보다 온전해질 것입니다. 아직은 희미하게 보이고 모든 상황이 열악하지만 우리 안에 진실한 포부와 그리스도의 생명이 있으므로 이 포럼이 하나님의 작은 도구로 쓰임받을 것입니다.

언젠가 아주 멋진 공원에 가 본 적이 있습니다. 푸른 잔디와 아름다운 숲으로 이루어진 공원이었습니다. 하지만 그 공원은 죽은 사람의 유해를 묻는 공원묘지였습니다. 바둑판처럼 질서정연하고, 푸르고 화려하게 단장하였지만 그 공원은 단지 묘지였을 뿐입니다. 지금 사람들은 마치 공원묘지와 같은 '죽은 질서'를 만들고 있습니다. 혹시 지금의 한국교회가 죽은 질서를 쌓아 가며 외형적 성장과 프로그램만을 추구하고 있지는 않은지 염려가 됩니다. 교회는 생수의 강이 되어야 합니다. 회원 여러분의 마음속에 담긴 맑은 생수가 기윤실이라는 샘을 통해 흘러내려 한국교회의 강을 좀 더 푸르게 하는 축복의 흐름이 되기를 바랍니다.

신뢰회복의 씨앗이
되어 주십시오.

이동원

(공동대표, 지구촌교회 담임목사)

기윤실은 2007년부터 '신뢰가 주도하는 교회 & 사회'를 만드는 것을 새로운 비전으로 세우고 한국교회와 사회에 신뢰 회복의 필요성을 이야기해 왔습니다. 이후로 한국교회와 사회 곳곳에서 신뢰 회복에 대한 언급들이 자주 오르내리는 것을 보게 됩니다.

신뢰 회복에 대한 공감대가 확대되어 가는 것은 다행스럽고 감사한 일입니다. 이제는 우리 모두가 공감을 넘어 신뢰 회복을 위한 구체적 실천을 보여 주는 단계로 발전해 가기를 기대합니다.

이를 위해 기윤실은 6월 한 달 동안 신뢰회복을 위한 집중 캠페인을 전개해 왔습니다, 언론 매체를 통해 지속적으로 신뢰 회복의 필요성을 알리는 동시에, 교회의 신뢰성 증진을 위해 '자가 진단용 교회신뢰 지표'를 보급하고, 저작권 문제 해결을 위해 공개 소프트웨어 매뉴얼을 만들어 보급하였습니다. 후원 교회들을 직접 찾아뵙고 기윤실의 신뢰회복운동을 소개하며 동참을 권유하기도 하였습니다.

무엇보다 감사하고 감동적인 것은 회원 여러분의 동참입니다. 회원 여러분은 '5대 회원 실천 캠페인'을 통해 각자의 삶 속에서 구체적인 실천을 위해 노력하였을 뿐 아니라, '1+1=희망무지개 꿈꾸기'를 통해 더 많은 사람들이 기윤실의 신뢰회복 운동에 동참할 수 있도록 정성을 모아 주셨습니다.

이제는 우리 모두가 한 달간 흘린 땀방울에 합당한 열매를 맺어 갈 시간입니다. 지금까지의 우리 모두의 노력이 헛되지 않도록 마지막까지 최선을 다해 함께해 주십시오. 내가 미처 실천하지 못한 것은 없는지, 한 번 더 기윤실 회원 가입을 권유할 사람은 없는지 돌아봐 주시기 바랍니다.

물론, 신뢰 회복을 위한 우리의 실천은 6월 한 달간의 캠페인으로 끝날 수 없습니다. 사랑하는 회원 여러분! 기윤실이 앞으로도 한국교회와 사회의 신뢰 회복을 위해 섬길 수 있도록 계속해서 힘을 모아 주십시오. 회원 여러분의 애정 어린 참여는 소중한 씨앗이 되어 한국교회와 사회의 신뢰 회복이라는 값진 열매를 맺게 될 것입니다.

복음은 '전혀 새로운 나'를 창조합니다

오정현
(이사, 사랑의교회 담임목사)

지난 해 전 세계를 휘청거리게 만든 미국 발 금융위기의 여파는 지금도 그 맹위가 사그라들지 않고 연쇄적인 충격파로 세계를 흔들고 있습니다. 미국 경제가 이렇게 된 주요 원인을 경제 전문가들은 탐욕스러운 파생상품들로 금융 시스템이 망가졌기 때문이라고 봅니다. 물론 그 생각이 맞을 수도 있지만, 영적으로 볼 때 오늘날 미국이 이토록 심각한 어려움에 빠지게 된 더 근본적인 이유는 미국의 신앙 시스템에 치명적인 결함이 발생했기 때문이라고 생각합니다.

미국은 건국 초기, 청교도들이 집을 짓기 전에 먼저 교회를 세웠던 신앙적인 나라였습니다. 그래서 미국의 헌법에서부터 사회 윤리에 이르기까지 그 뼈대를 세우고 피를 돌게 한 것은 기독교정신이었다고 해도 지나친 말이 아닙니다. 그런데 미국의 심장부인 뉴욕의 월가는 성경에서 그렇게 경고했던 탐욕 때문에 뿌리째 흔들리고 있습니다.

그러나 기독교 국가로 공인된 미국이 탐욕 때문에 이처럼 전대미문의 위기를 겪는 것은 실상 크게 놀랄 일이 아닙니다. 미국의 대표 기독교 전문 조사기관인 바나 리서치에 따르면, 미국에서 예수님 때문에 삶의 변화를 보인 사람은 모든 크리스천 중에서 10%에 불과하다고 합니다. 이것은 미국 크리스천의 대다수가 겉은 신앙의 옷을 입고 있지만, 속은 여전히 세상적인 윤리와 문화에 깊이 물들어 있다는 것을 의미합니다. 이런 점에서 미국 금융계의 위기는 그 밑바닥에 예수 믿어도 변화되지 못한 신앙이 똬리를 틀고 있기 때문이며, 이런 문제는 우리나라도 예외가 아닐 것입니다.

크리스천은 예수 믿는 순간 새로운 피조물로서 인간 속성의 변화, 신분의 변화가 근본적으로 일어나는 사람들입니다. 그런데 크리스천 가운데 변화의 모습이 이토록 부족하며, 사회에 긍정적인 영향을 끼치는 데 역부족인 이유는 교회 내에 진정한 복음의 부재 때문이라고 생각합니다. 세상의 지식은 '개선된 나'를 추구하지만, 복음은 '전혀 새로운 나'를 창조합니다.

복음이 예수의 피와 부활의 권능이 아니라, 영성 개발의 지침과 교훈적 지식으로 버무려지고 오염될수록 세상 속에서 변화받은 크리스천은 점점 더 찾기 어려울 것입니다. 교회가 변화받지 못하는 크리스천을 양산하는 것처럼 하나님과 세상에 무서운 해독을 끼치는 것은 없을 것입니다. 개신교 신자의 숫자가 증가할수록 그 나라의 부패는 감소한다는 트라이스맨(Triesman)의 연구 결과를 볼 때, 한국에서 교인들의 증가가 사회적인 부패감소로 이어지지 않았다는 사실은 한국교회의 부끄러운 자화상을 그대로 보여 주는 것입니다. 더구나 정직도나 부패지수에 있어서 교인 수가 20%나 되는 우리나라가 1%도 되지 않는 일본에 비해 크게 떨어진다는 사실은 한국교회 내부에 심각한 문제가 있음을 보여 주고 있습니다.

그렇기에 교회가 진정으로 변화된 진정한 크리스천을 세우는 일은 곁가지로 흘러가는 교회의 에너지를 신앙의 본류로 돌려놓음으로써 복음의 사회적 영향력을 회복시키는 가장 근본적인 방안이 될 것입니다. 우리가 정직한 영으로 새로워지기만 하면, 불신과 거짓으로 점철된 우리 사회의 어둡고 척박한 땅들을 기경(起耕)하여 사회의 양심을 되살리는 영적 기풍을 일으키고 경건한 문화를 만들어 냄으로 우리 사회를 살리고 복음 선교의 토대를 마련하는 결정적인 기회가 될 것이라고 확신합니다.

반기독교 정서문제의 배경과
우리의 자세

조성돈
(교회신뢰회복네트워크 본부장, 실천신학대학원대학교 목회사회학 교수)

얼마 전 기독교윤리실천운동에서 '한국교회의 사회적 신뢰도' 조사를 발표하였는데 대한민국 국민의 18.4%만이 한국교회를 신뢰한다고 하였습니다. 대한민국에서 개신교인이 18.3%인 것을 감안한다면 이 숫자는 우리 개신교인의 수치를 겨우 넘긴 것이라고 볼 수 있습니다. 참 부끄러운 일입니다. 그런데 이 조사에서 두렵게 느껴진 것은 이 질문에서 개신교에 대해서 '신뢰하지 않는다'고 대답한 사람이 48.3%에 이르렀다는 것입니다. 일반적으로 설문조사에서 이런 질문이 나오면 사람들은 '보통'이나 '잘 모르겠다'로 대답하는 것이 상례입니다. 그런 점에서 이번 조사 결과는, 대한민국 국민 대다수가 그만큼 개신교에 대해 신뢰하지 않는다는 의견을 정확하게 보여 주는 것입니다. 반기독교 정서의 핵심은 바로 여기에 있습니다. 기독교가 대한민국의 국민들에게 신뢰를 받지도 못하고, 호감도 얻지 못하고 있다는 사실입니다. 이러한 대중적인 비호감이 안티기독교로 대표됩니다. 이 부분에 있어서는 우리가 인정하고 들어가야 합니다.

안티기독교는 우리들에게 다음과 같은 문제를 제기하고 있습니다.

❶ 기독교가 배타성과 공격성을 가지고 있다.

❷ 지나친 전도행위가 불쾌하고 폭력적이다.

❸ 개신교는 반사회적이다.

❹ 교회지도자들은 비합리적이다.

❺ 기독교는 분열이 너무 많다.

❻ 교회는 건축만을 추구하고 헌금을 강요한다.

❼ 목사들이 너무 많다.

❽ 목사들이 비윤리적이다.

이러한 문제제기들은 정말 뭐라 변명하기가 어려운 우리의 뼈아픈 현실입니다. 특히 목회자들의 성추문이나 재정적인 비리들이 이들 안티기독교의 단골메뉴로 나오고 있습니다.

이러한 부끄러움 속에서도 안티기독교에 대해서 생각해 볼 문제들이 있습니다. 이들은 인터넷 문화가 발달하면서 나타난 세력들입니다. 인터넷 상에서 클럽을 형성해서 세력을 만들었는데 그 시작에서 재미있는 부분은 이러한 사람들이 있다는 사실을 기독교 언론이 보도하면서 이들의 사이트에서 크리스천들이 싸움을 벌였고, 그러한 싸움이 안티기독교들의 활성화를 불러왔다는 점입니다. 이러한 현상은 초반에는 웹사이트 중심이었는데 요즘은 주로 인터넷 토론방에서 활성화되고 있습니다. 이들은 그곳에서 안티기독교의 이론(?)을 날카롭게 가다듬으며 벼르고 있습니다. 이러한 토론방에 크리스천이 들어가면 싸움이 벌어지고, 욕설이 낭자해지며 활성화가 이루어지니 분노를 참고 조회 수 증가에서라도 빠져야 할 일입니다.

이러한 인터넷 문화에서 이루어지는 이들의 행위는 결국 요즘 인터넷의 악한 경향을 다 담고 있다고 해도 과언이 아닙니다. 첫째, 각종 유언비어가 난무합니다. 지난 아프가니스탄 사태의 과정에서 그들이 얼마나 악하게 있지도 않은 이야기들을 만들어 내는지, 그리고 얼마나 악하게 현실을 왜곡하는지가 나타났습니다. 둘째는 그들의 잔인성입니다. 그들은 그 당시 알자지라 방송이나 탈레반 웹사이트에 접속하여 인질들이 기독교 선교를 하러 간 것이니 죽어 마땅하다고 이메일을 보냈습니다. 그들에게 한 나라의 동포가 죽음 가운데 있고 고통당하고 있다는 사실은 보이지 않는 것 같습니다. 또 다른 안티는 중국에서 크리스천들을 공안에 '파룬궁'이라고 신고하여 모두 잡혀가게 했다고 그들의 사이트에서 자랑하고 있습니다. 그들의 이러한 행위는 어떤 사람에게는 죽음으로까지 내몰릴 수도 있는 상황인데도 이들은 게임하듯이 이러한 짓을 저지르고 있습니다. 셋째는 그들이 허황된 공동체를 형성하고 있다는 것입니다. 이들은 안티기독교 사이트나 토론방 등을 통해 조직을 이루고 있습니다. 그리고 나이가 많으신 연륜 있는 안티들은 그곳에서 존경을 받기도 합니다. 논객들은 나름의 포스를 가지고 있습니다. 그러나 정작 이들이 오프로 모이면 그저 십여 명이 겨우 넘을 정도가 모이고 있는 것으로 알고 있습니다.

이러한 사실로 해서 저는 안티기독교를 'Junk Culture'라고 정의한 적이 있습니다. 소위 하위문화(Sub-culture)라는 것이 있습니다. 그들은 그 나름의 독자성과 독특성을 가지고 있고 특별한 규칙과 논리로 하나의 문화를 형성합니다. 이러한 다양한 문화가 있기 때문에 사회가 다양하고 건전해질 수 있다고 볼 수도 있습니다. 그러나 그것이 사회에 도움이 안 되고 오히려 해를 끼치고 있다면 그것은 Junk Culture라고 부르는 것이 옳다고 봅니다. 안티기독교는 위에서 살펴본 바와 같이 악한 인터넷 문화의 모든 것들을 고스란히 갖추고 있기 때문에 이러한 정의가 옳다고 봅니다.

그래도 우리 입장에서는 이러한 공격들을 통해서 더욱

우리를 돌아보아야 합니다. 나는 이들이 사탄의 세력이 아니라 하나님이 들어 쓰시는 몽둥이라고 생각합니다. 교만함 때문에 자신을 돌아보지 못하고 자정의 능력마저 잃어버린 한국교회를 향해 하나님께서 강하게 개입하시는 것으로 봅니다. 이스라엘이 부패했을 때 이방의 나라들을 들어 징계하셨듯이 우리를 그들 앞에서 부끄럽게 하시려고 세우신 하나님의 도구라는 것입니다. 여기서 우리는 하나님의 주권을 바라보며 철저히 낮아진 자세로 변화의 자리를 향하여 나아가야 합니다.

신뢰받는 기윤실,
신뢰받는 교회의 조건

조흥식

(이사, 서울대 사회복지학과 교수)

신뢰란 한마디로 무엇이라 할 수 있을까요? 국어사전은 신뢰를 '굳게 믿고 의지함' 이라고 풀이했습니다. 이에 따르면, 신뢰란 그냥 건성으로 믿는 것이 아니라 믿어도 굳게 믿어야 하며, 나아가서 굳게 믿는 것만으로는 부족하고 그에 더해서 굳게 의지하기까지 해야 한다는 의미임을 알 수 있습니다. 다시 말해서 신뢰라는 말 속에는 전적으로 내 맡겨 버릴 정도로 굳은 믿음이 전제되어 있다고 할 수 있습니다.

그렇다면 신뢰받는 기윤실(기독교윤리실천운동), 신뢰받는 교회가 되려면 어떤 조건을 반드시 갖추어야 할까요? 작년에 기윤실은 직접 실시한 '한국교회의 사회적 신뢰도' 여론조사결과를 발표한 바 있습니다. 한국 개신교회를 신뢰한다는 사람들의 비중은 응답자의 18.4%에 불과한 반면, 불신한다는 사람들의 비중은 48.3%로 나타나 개신교회에 대한 불신자 수가 신뢰자 수보다 3배 가까이 많음을 알 수 있었습니다. 더구나 젊은 사람일수록, 그리고 소득이 높을수록, 또한, 현재 비기독교인일수록 불신의 정도가 더 높다는 사실은 교회 성장 차원에서 볼 때 상당히 충격적입니다. 아울러 사회와는 담 쌓은 개교회 활동만으로는 한국교회의 앞날은 결코 밝지 않을 것임도 여실히 보여 주었습니다.

그나마 우리에게 소망을 주는 것은 한국교회가 감당하고 있는 사회봉사와 사회기여의 현황이 잘 소개된다면 기독교인과 비기독교인이 평가한 신뢰지수의 차이 중 3분의 1가량이 줄어들 수 있다는 회귀분석 결과입니다. 다시 말하여 한국 개신교회가 교회 내 활동에만 머물지 않고 다양한 사회구성원과 소통을 잘해 나간다면 성장의 가능성은 존재한다는 점입니다. 목회자와 교인들이 사회봉사와 구제, 윤리와 정직 운동 등을 교회 밖인 사회에서 잘 전개하는 등 세상의 소금과 빛의 직분을 잘 실천하는 것이야말로 한국교회의 사회신뢰성 문제를 풀어 나갈 수 있는 길임을 잘 제시해 주었다고 할 수 있습니다.

발표 당시 이 조사결과는 한국 개신교회 안팎에 상당한 파장을 불러일으켰지만 이에 대한 개신교회의 단합된 실천의 목소리는 아직도 잘 들리지 않습니다. 발등에 불이 떨어지고 있음을 애써 피하려는 느긋함 때문인지, 아니면 정말 사회현상에 대한 다소간의 무지함 때문인지, 이도 아니라면 잘 알면서도 실천하기가 너무 힘들기 때문에 전적으로 주님께 맡기는 것인지 알 수가 없습니다. 그러나 일은 인간이 저질러 놓고 대책 없이 주님께 떠맡겨 버리는 몰염치한 짓은 지양해야 할 일입니다.

 세상의 길 위에서 하나님의 길을 걷는 사람들

신뢰성 회복을 위해 기윤실이 행하는 모습은 다소 늦은 감은 있지만 그래도 아름답습니다. 기본 사역으로 사회신뢰운동, 교회신뢰운동, 회원실천운동 등 셋으로 구분하여, '대한민국교육봉사단(씨드스쿨)' 사업, '중·고등학교 윤리담당 교사아카데미' 사업, '청소년을 위한 30일의 신뢰여정' 사업, '대학생사회적리더십아카데미', '기독교윤리학교', '회원 릴레이 인터뷰', '교회방문프로그램' 등 7대 사업을 행하고 있습니다. 이와 함께, 연구사역으로서 '현대 성문제에 대한 기독교적 응답', '재개발과 분배정의에 대한 기독교적 매뉴얼' 제작사업, '현대 그리스도인 삶의 방식 매뉴얼' 제작사업의 3대 사업 등 총 10대 사업을 실시하고 있습니다. 이 사업들 하나하나는 여러 회원들의 아이디어 제시와 토론 등을 통한 폭넓은 소통하에 실시되고 있다는 점에서 사회신뢰성 회복에 분명 기여할 것입니다.

이러한 기윤실의 구체적인 활동들은 우리나라 개별 교회의 신뢰성 회복에도 충분히 적용될 수 있을 것입니다. 사회신뢰성 회복이라는 분명한 목적의식과 사업의 구체성은 분명 실현 가능성을 높여 주기 때문입니다. 다만 문제는 개별교회로만 할 것이 아니라 적어도 지역별로 공동사업 내지 연합사업으로 전개해야 한다는 점입니다.

따라서 개별 교회, 특히 대형교회의 선제적인 자발적 참여와 구체적인 사업을 위한 재정적 뒷받침은 필요조건이 되며, 작은 교회에 대한 배려는 충분조건이 됩니다. 그리고 지역에서 교회들이 이러한 공동사업이나 연합사업들을 통해 다양한 사회구성원과 소통을 잘해 나간다면 사회신뢰성 회복은 우리도 모르게 빨리 향상될 것이며, 교회 발전과 성장은 그만큼 앞당기게 될 것입니다.

이렇게 볼 때, 개별 교회들의 지역 공동사업이나 연합사업에 대한 자발적 참여와 대형교회의 작은 교회에 대한 배려, 다양한 사회구성원 간의 열린 소통이야말로 사회신뢰성 회복의 필요충분조건이라 하겠습니다. 이 위에 하나님의 은혜가 더해진다면 더욱 아름다울 것입니다.

아주 특별한 제안 하나

이의용

(이사, 교회문화연구소 소장)

CBS 라디오의 "이의용의 크리스천 매거진"이라는 프로그램을 진행한 지 벌써 2년 반이 넘었습니다. '예배와 삶이 만나는 크리스천 매거진'이라는 슬로건으로 다양한 교회 문화를 다루는 프로그램입니다.

여러 가지 아이템으로 진행하지만, 그중에서도 여러 분야에서 건강한 교회문화를 이뤄가는 분들을 초대하여 인터뷰를 하는 코너가 제일 흥미롭습니다. 얼마 전에는 전남 고흥의 매곡교회를 담임하는 목사님을 인터뷰해서 그 교회의 독특한 사례를 소개했습니다.

이 교회도 모든 농촌교회가 그렇듯이, 사람을 길러 놓으면 도시로 나가 버리는 '허탈한' 농촌 교회였습니다. 그리고 30년 전에는 교회 따로, 동네 따로였습니다. 그러나 지금은 동네가 교회고, 교회가 동네인 특별한 문화를 이뤘습니다. 이 교회 마당에는 500여 개의 항아리가 있습니다. 다름 아닌 된장 항아리들입니다.

이 교회 정도성 목사는 이제 경력 30년의 된장 전문가입니다. 동네 사람들의 된장을 교회가 함께 담가 주면서 교회와 동네가 소통되기 시작했고, 교회가 동네 경제의 중심이 되었습니다. 동네 사람들이 농사지은 콩을 사서 메주를 쑤어 동네 사람들 가정에 된장을 공급하다가, 아예 본격적인 된장 장사에 나선 것입니다. 조합을 만들어 동네 사람들이 농사지은 콩을 비싸게 사 주고, 그걸로 된장을 만들어 외부에 팔기 시작했습니다. 장맛을 본 외부에서 주문이 줄을 잇고, 그 바람에 동네의 콩 농사는 점점 확대되면서 교회가 동네의 중심이 되었고, 교인들도 늘어났습니다. 교회에 나오지 않으면서도 콩을 판 다음 교회에 십일조를 하는 주민들도 있고, 심지어 고스톱을 하고는 딴 돈으로 십일조를 하는 주민이 있을 정도였습니다. 정 목사는 농촌 목회를 결코 포기해서는 안 되며, 얼마든지 가능성이 있다고 강조합니다. 그러면서 그 비결로 지역사회와 소통할 것을 제시합니다.

그동안 우리 기윤실을 비롯하여 많은 시민운동이 교회의 개혁을 네거티브 방식을 통해 추진해 왔음을 부인하기 어렵습니다. 개혁의 대상을 정해 놓고 그쪽에 개혁을 강요하는 경우가 많았습니다. 네거티브 방식이 효과가 없다는 것은 아닙니다. 그러나 필자는 포지티브 방식도 함께 추진해야 효과적이라고 생각합니다.

누군가를 설득하는 커뮤니케이션에서 자주 활용되는 것이 'Reason(근거, 논리)'과 'Example(사례)' 입니다. 확실한 근거를 통하여 상대방을 논리적으로 설득해 나가는 방식을 우리는 가장 많이 사용합니다. 이러이러해야 하므로 이렇게 하자는 논리입니다. 또 다른 사람도 이렇게 해 봤는데 잘 되더라며 예를 들어 상대방을 설득하는 방식도 우리가 자주 사용하는 방식입니다. 특히 사례를 이용한 방식은 상대방의 마음을 쉽게 움직일 수 있습니다. 누가 이 약을 먹었는데 나았다는 사실은 상대방에게 이 약을 먹도록 하는 데 가장 설득적입니다.

2008년도에 기윤실이 실시한 조사결과는 2004년 한국갤럽이 조사한 것과는 너무도 큰 차이를 보입니다. 정말 교회가 이 정도로 사람들에게 걱정거리, 비판거리가 되었는지 솔직히 필자도 믿어지지 않습니다. 어쨌든 전문가들이 조사한 결과니 사실로 받아들일 수밖에 없습니다. 그렇다고 해서 우리가 계속 이 통계를 인용하며 한국교회가 이 정도로 타락했으니 개혁돼야 한다고만 외쳐야 할까요?

건전하고 균형 있는 비판은 기독교 내부에서 자성하고 있다는 인상을 외부에 줄 수는 있지만, 문제를 안고 있는 교회들이 정작 무엇을 어떻게 해야 할지 대안을 제시해 주지는 못합니다. 더구나 안티기독교 인사들이 교회를 비판할 근거를 줄 수도 있습니다.

모든 교회는 풀어야 할 문제(과제)를 안고 있습니다. 그 문제를 스스로 발견하도록 동기를 부여하고, 그러한 문제를 해결한 교회의 구체적인 사례를 제시해 주는 교회 개혁 방법도 필요합니다. 이러한 방식은 개교회 내부의 개혁자들이 개혁을 주장하고 설득할 수 있는 좋은 근거나 대안이 될 수도 있을 것입니다. 또한 이러한 사례를 시작한 교회로서는 이 방향으로 더 자신있게 향할 수 있는 격려가 될 수 있을 것입니다.

외부 여론조사 기관에 의뢰하여 교회의 건강성을 진단한 후에는, 속히 본격적인 치료에 돌입해야 합니다. 그러나 우리는 너무 오랜 시간 머뭇거리다가 치료의 시기를 놓치고 있지는 않은지 살펴봐야 합니다.

문제는 대안입니다. 그 대안을 기윤실이 직접 내놓으려고 하면 세월만 흐르고 효과도 적습니다. 앞에서 소개한 농촌의 작은 교회처럼, 지금도 이미 많은 크고 작은 교회들이 당면한 문제를 해결하기 위해 여러 대안을 만들어 여러 시행착오를 거치며 적용해 오고 있습니다. 그것들을 샅샅이 발굴하여 체계적으로 정리하여 교회와 세상에 알리는 작업을 우리가 시작하면 어떨까요?

수년 전에 필자가 건강한 교회의 사례들을 모아 『세상

에는 이런 교회도 있다,라는 책을 낸 적이 있습니다. 그후 한동안 언론들이 그 책에 소개된 교회들의 사례를 자주 인용했습니다. 그 당시 교회는 일반 언론들의 편향된 보도와 소극적 보도에 불만이 많았습니다. 그래서 교회가 언론에 항의도 많이 했었습니다. 그때 잘 아는 기자들에게서 이런 말을 자주 들었습니다.

"일부러 기독교를 부정적으로 보도하는 게 아니라, 마땅히 활용할 자료가 없어서 보도해 주지 못한다."

기자들은 언제나 생생한 자료를 찾아 헤맵니다. 그런데 우리 교계에는 이러한 자료를 집대성하여 언론에 제공하는 곳이 없습니다. 우리 교회의 이미지가 이토록 나쁜 데에는 교회가 윤리적으로 바로 서지 못한 근본적인 원인도 있지만, 한편으로는 교회의 실체를 세상에 제대로 알리지 못한 원인도 있다는 것이 PR과 커뮤니케이션 분야에서 오래 일해 온 필자의 생각입니다.

이 일을 교계의 언론들이 적극 해 주면 좋겠지만, 언론이 집중력을 갖고 이 일을 해 주리라고 기대하기 어려울 것입니다. 각 교단 총회나 노회도 다른 곳에 더 관심이 있는 듯합니다. 우리가 이 일을 한번 체계적으로 추진해 봤으면 합니다. 그런 다음 얼마 후 다시 한 번 본격적인 여론 조사를 해 봤으면 좋겠습니다.

하나님 나라 운동과 '힘'의 사용

전재중
(이사, 법무법인 소명 대표변호사)

최근 한국사회 곳곳에서 진보와 보수 간에, 더 가진 자와 덜 가진 자 간에, 세대 간에 충돌이 심합니다. 그 충돌 현장에 한국교회의 모습도 자주 보입니다. 교회 내부에서의 충돌도 있고, 교회와 바깥 사회 간의 충돌도 있습니다. 우려되는 것은 그 과정에서 교회가 힘을 동원하려는 모습이 너무도 뚜렷하게 보인다는 점입니다. 반대세력을 제압하기 위하여 가능한 모든 힘 – 정치적 힘, 언론의 힘, 물리적 힘 – 이 다 동원되고 있습니다.

보수는 보수대로 우리 사회 곳곳에 그동안 구축한 정치적, 경제적, 종교적 힘이 얼마나 막강한지 뽐내며 버티고 있고(돈 몇십억 만들거나 교인 몇만 명 동원하는 것이 참 쉬워 보입니다.), 진보는 진보대로 완전히 장악한 온라인 여론과 도덕적 우위, 논리적 우위를 바탕으로 보수와 어떤 충돌을 해도 완승을 자신하는 몸짓에 가히 거칠 것이 없어 보입니다. 바깥 세상의 관계에서도 반기독교적 내용의 방송에 대하여 집단의 위력을 행사하고, 정치적인 이슈에 대하여 한쪽은 촛불예배로(역시 힘으로 느껴집니다.) 도덕적 우위와 여론의 우위를 과시하고, 이에 대하여 반대쪽은 조직과 자금력을 배경으로 하는 구국기도회로 힘을 과시합니다. 그러면서 제각기 추종자들을 향하여 힘을 실어 달라고 호소를 합니다. 어쨌거나 힘이 주된 관심사이며, 힘을 통하여 하나님께 영광을 돌릴 수 있다고 보는 것 같습니다. 만일 그분들이 원하는 힘이 다 허락된다면 나라 전체를 중세와 같은 기독교국가로 만들 기세입니다.

그러나 이는 경제적, 사회적, 그리고 영적으로도 가장 가난한 자로서 살다가 십자가에서 돌아가시고, 심지어 남의 무덤을 빌려야 했던 예수 그리스도의 하나님나라 운동과는 너무 달라 보입니다. 우리가 표방하는 하나님나라 운동이 예수님에 의하여 선포되어 시작되고 그분이 오심으로 완성되는 것이라면 운동방식에서도 철저히 그분을 본받아야 합니다. 그렇다면 이 땅에서의 하나님나라 운동은 기본적으로 가난과 연약함에 동참하며, 그들과 동일시하는 방식이 되어야 합니다.

최근 한국교회 속의 힘의 충돌과 힘의 논리들을 바라보면서 그분들이 원망스럽기도 하고 걱정스럽기도 하지만, 한편으로는 소위 (저도 몸담고 있는) 복음주의권의 기독○○○운동에 대하여도 언뜻 의구심이 생길 때가 있습니다. 선한 영향력이라는 명분으로 사회 곳곳의 기독교 세력의 힘을 잘 연결시켜 누구도 무시 못할 강력한 기독교 진지를 구축하는 것을 추구하고 있지는 않은지, 구체적으로 하고 있는 우리 사역들 속에서 연약함에 동참하기보다 강한 모습을 갖추고, 그 힘으로 영향력을 행사하려는 시도는 없는지 차근차근 따져 볼 필요가 있겠다는 생각이 들었습니다.

교회의 신뢰회복운동도 교회가 실력을 갖추고, 사회적 적합성을 증명하여 획득하는 그런 신뢰가 아니라 (그러한 신뢰라면 글로벌 금융기관이 가지는 신뢰가 더 클 것입니다.), 낙오되고, 가진 것을 잃어버린 사람들이 교회에 들어가 쉼을 얻고, 새로운 삶의 가능성도 발견할 수 있는 그러한 신뢰를 회복하는 것이 아닐까 싶습니다.

사회 신뢰회복운동의 비전

이랜드 사태를 보는
또 다른 시각

김홍섭

(이사, 시립인천전문대학 e-비즈니스과 교수)

근래 이랜드 사태를 보며 기독교계에서 많이 인용되는 성경구절은 다음과 같습니다.

이르되 가이사의 것이니이다 이에 이르시되 그런즉 가이사의 것은 가이사에게, 하나님의 것은 하나님께 바치라 하시니 _마 22:21

흩어 구제하여도 더욱 부하게 되는 일이 있나니 과도히 아껴도 가난하게 될 뿐이니라 _잠 11:24

각 사람은 위에 있는 권세들에게 복종하라 권세는 하

나님으로부터 나지 않음이 없나니 모든 권세는 다 하

나님께서 정하신 바라 _롬 13:1

또는 마태복음 20장의 예수님의 포도원 주인 비유로
하루 내내 일한 일꾼이나 한두 시간 일한 일꾼에게 같은
품삯을 주는 경우를 인용합니다. 이런 성경구절들은 노동
자의 생존권의 보장을 강조하거나, 사용자가 널리 사랑을
베풀 것을 요구하는 논지에 활용되기도 합니다. 반면에
실정법을 지켜야 하며, 위에서 주어진 권한에 복종하라는
것이 성경의 가르침이라며 사용자의 권한을 강조하는 데
이용되기도 합니다.

현재의 문제는 노사 간에 오랜 진통을 겪으며 통과된
비정규직 보호법이 시행됨으로써 야기되었습니다. 보수
와 진보, 노동계와 사용자 간의 첨예한 이해의 상충으로
모두가 만족할 수 없는 법을 만들고 그것이 통과되어 시
행되는 시점에서 어느 정두의 문제를 예상하기는 했습니
다. 그러나 법망을 교묘히 피해 나타난 다양한 문제점들

이 노정되고 그 한가운데 이랜드 사태가 있습니다.

노동계의 주장을 요약하면 다음과 같습니다.

첫째, 비정규직문제를 해결하기 위한 비정규직법의 입법취지를 살려 선용하는 것이 아니라 악용하고 있다고 주장합니다. 양대 노총이 조사한 바에 따르면 서울대병원, 두산건설, 세이브존, 피자헛, 르네상스호텔, 한국은행, 경북대병원, 송파구청 등 18곳에서 비정규직이 피해를 입은 것으로 나타났습니다. 가능하면 비정규직을 줄여 보자는 사회적 합의를 정면으로 뒤집는 이 같은 행태는 비단 이랜드만의 문제가 아니라는 것을 보여 줍니다.

둘째, 이랜드 박성수 회장의 개인적 경우를 들며, 확인되지 않았지만 130억 원의 십일조의 일부인 30억을 투여하면 노사문제를 해결할 수 있다는 주장과 노사문제만 있으면 국외에 체류하며 문제를 적극 해결하려 하지 않는 사례들을 지적하기도 합니다. 한 예로 이랜드의 비정규직 규모는 신세계보다 작기에 최대 80~90억 원 정도의 추가 비용만 지불하면 비정규직 노동자를 정규직으로 전환할 수 있을 것으로 주장하며, 박성수 회장이 받는 주식배당금만 포기해도 이들을 정규직으로 전환할 수 있다는 계산을 하기도 합니다.

셋째, 이랜드에 유동성 위기가 실재 존재한다 하더라도 경영자들이 자기희생을 통해서 비정규직 노동자들을 보호하는 방법을 선택했다면 이번 위기가 이랜드에게는 대사회적으로 기독교 기업의 가치를 인정받는 기회가 되었을 것으로 주장하기도 합니다. 지난 IMF사태 당시 엄청난 구조조정으로 노동자들을 희생시키며 회생한 이랜드가 또 다시 노동자들에게 경영의 책임을 전가하는 것으로 기독교 기업이 반노동자적이라는 인식을 심어 주지 않기를 바라며, 실업문제로 많은 사람들이 고통받는 이 시대에 이랜드가 믿음으로 노동자들을 품는다면 하나님께서 그 이상의 축복을 이랜드에 베풀어 주실 것이라는 바람을 말하기도 합니다.

사용자 측의 주장을 요약하면 다음과 같습니다.

첫째, 노동조합이 무조건 불법적인 집단행동을 통해

문제를 풀려는 태도도 버려야 한다고 말하며, 민주노총은 이 경우를 조직 확대의 계기로 삼고 투쟁과 농성으로 파워를 보여 줌으로써 비정규직의 가입을 촉진하려는 것은 아닌가 하는 의구심을 가질 법도 하다고 합니다. 비정규직 보호법이 이제 막 시행에 들어갔으므로, 사용자나 노동자나 너무 성급하게 반응하지 말고 고용안정과 유연성을 서로 인정할 때 기업의 생산성과 일자리 창출에 도움이 될 수 있다는 점을 지적합니다.

둘째, 불법점거로 손해규모가 100억에 달하며 7월 10일 교섭현장에서도 회사 측이 손해배상 소송은 취소할 수 없다는 입장을 보였습니다. 회사 측은 손해 배상액 1억 원도 일부금액이며, 나중에 정확한 액수를 청구하겠다는 입장을 밝힌 바 있습니다.

셋째, 회사 측은 7월 10일 조선/중앙/동아일보의 1면 하단 광고를 통해 "노조의 행위는 목적이 정당하다 하더라도 이미 그 정도를 넘어선 불법 행위"라고 지적하고, 유통매장의 점거농성은 기업에 대한 테러 행위라고 규정했습니다. 이런 상태에서는 노동계의 요구를 수용할 수 없다는 입장도 밝혔습니다.

넷째, 이랜드는 기업 이윤을 사회사업과 선교 사업에 사용한다는 기독교 경영이념을 내세우고 있으며, 무료병원·탁아소·양로원·고아원 등을 설립해 사회문제 해결에 앞장섰고, 교회를 세우며, 또 사회 구조악에 저항하고 정확한 세금을 내는 기업으로도 알려져 있습니다. 박성수 회장이 개인적으로 검소한 생활을 하는 것은 잘 알려진 것이기도 합니다.

이랜드 사태의 원인은 관련 당사자 모두에게 있다고 할 수 있습니다. 노사 간의 팽팽한 이해 상충으로 원활하게 합의된 법안이 서로 만족하고 상생하는 틀을 만드는 데 미흡한 점들이 있다는 점입니다. 즉 비정규직법이 대량해고 사태를 가져올 것이라는 많은 지적을 간과하고 충분한 경우와 상황에 대한 법적 장치와 대안마련에 대한 심각한 고려를 하지 못한 정부에 일차적인 책임이 있습니다. 노사 쌍방이 서로 양보하고, 이해하며, 사랑하는 자세와 노력이 치열하지 못했으며, 역지사지하지 못한 점들이 문제의 원인이라 할 것입니다.

이랜드 사태를 해결하는 방법은 매우 어렵습니다. 이는 노사 당사자만의 문제가 아니라, 나라 전체의 비정규직의 문제로, 보수와 진보 그리고 사회, 정치 세력의 대결의 장으로 확대된 감이 없지 않기 때문입니다. 그럼에도 해결대안과 우선순위를 제시해 본다면 다음과 같습니다.

첫째, 그리스도의 사랑으로 돌아가는 것입니다. 이는 매우 어려우나 근본적 해결의 출발점입니다. 이웃을 사랑하고 원수를 사랑하는 예수님의 사랑의 정신으로 문제를 보는 시각이 없이는 해결이 어려울 것입니다.

둘째, 합법적인 행동과 대안제시를 들 수 있습니다. 실정법은 문제 해결의 최소한의 장치입니다. 물론 그 법이 잘못되었거나 미흡하다면 빨리 개정해야 할 것이나, 현상을 해결하는 최소한의 준거 틀이 흔들린다면 결코 문제는 해결되기 어려울 것입니다. 한쪽의 불법은 다른 한쪽의 불법행위를 야기할 것이 자명하기 때문입니다.

셋째, 여러 가지 문제가 제기된 관련 법조항을 조속히 개정해야 하며 정부의 합리적인 조정과 노사 당사자의 이해와 양보가 요청됩니다.

넷째, 초가삼간은 보존해야 합니다. 집안의 문제와 청소를 위해 초가삼간을 불태워서는 안 될 것입니다. 계속기업(going concern)으로서 기업을 온존시키고 일정 계획에 따라 비정규직을 원상회복하고, 구성원의 임금과 복지 등을 환골탈퇴의 심정으로 개선하는 로드맵을 노사 쌍방의 합의로 마련할 필요가 있습니다. 이랜드는 기독교 기업이기 전에 치열한 경쟁에서 살아남아야 하는 기업임을 알아야 합니다.

다섯째, 시민 사회단체와 언론 등도 자기나 소속 정치집단의 이해만을 고집하기보다 균형감 있고, 대승적이며 원칙적인 관점에서 문제를 인식하고, 보도하고 대안을 제시해야 할 것입니다.

여섯째, 우선 경영자와 정규직이 고통분담에 먼저 나서야 합니다. 대기업-중소기업, 정규직-비정규직 간 임금격차를 벌리는 데 주요 원인이 된 대기업 정규직노조들이 양보와 공생의 결자해지 자세로 이 문제해결에 도움을 주어야 합니다. 근래의 보건의료노조가 정규직의 임금인상분을 비정규직의 처우개선에 쓰자고 노사가 합의한 것은 매우 의미 있는 사건이라 할 수 있습니다.

일곱째, 기업의 기본적인 고용제의 심층적 연구와 노사협의제, 임금체계 등의 제도 개선으로 노사관계를 해결하는 방안들을 모색할 필요가 있습니다.

할 수 있지만 하지 않는 윤리

한기채
(이사, 중앙성결교회 담임목사)

예수님이 광야에서 받으신 세 가지 시험(마 4:1-11)은 당시 세 가지 문화적 배경을 반영하고 있습니다. 헬라적 배경에서는 '떡' 즉 물질에 대한 시험, 로마적 배경에서는 '천하만국과 영광'이 상징하는 권력 지향성 시험, 유대적 배경에서는 표적을 추구하는 종교적 시험입니다. 예수님이 하나님의 아들이라는 것과 그분에게 신적 능력이 있다는 것을 알고 있던 사탄이 예수님을 실족게 하려고 제기한 시험입니다.

그 중 첫째인 '돌로 떡을 만드는' 시험은 인간에게 가장 근원적인 유혹거리입니다. 신적인 권위를 지닌 하나님의 아들이라면 경제 문제를 수월히 해결할 수 있을 것이라는 기대를 갖게 합니다. "문제는 경제야, 이 바보야!" 강한 자신감에 찬 이 한마디로 빌 클린턴은 미국 대통령이 되었습니다. 예수님이 요구받는 것이 바로 이 문제 해결입니다. 이것은 저에게 전혀 유혹거리, 번민거리가 되지 못합니다. 저는 죽었다 깨어나도 돌로 떡을 만들 수 없기 때문입니다. 그러나 '오병이어 기적' 의 능력을 소유한 예수님께는 대단한 유혹거리였을 것입니다.

사탄의 메시지는 무엇입니까? '하나님의 아들' 은 부여받은 권능을 활용해서 현생에서 위대한 전능자로 드러나야 한다는 거짓말입니다. 어려운 일, 불가능한 일을 척척 해내야 '하나님의 아들' 이라는 칭호를 인정할 수 있다는 말입니다. 교묘한 유혹입니다. 하나님이 주신 능력과 은사를 자신을 위해서 사용하라는 미혹입니다. 자신의 목적 달성을 위해서 하나님을 사유화하라는 미혹입니다. 이것은 공(公)의 사유화(私有化)와 마찬가지입니다. 결국 이 첫 번째 요구를 수용하게 되면 하나님의 아들은 물질, 권세, 명예를 얻기 위해서 하나님의 능력을 오용하는 길로 나아

갈 것입니다.

예수님은 이런 요구를 결연히 거부하셨습니다. 못해서가 아니라 옳지 않기 때문입니다. 하나님의 아들이라는 것과 능력을 내 것인 양 사용하는 것은 연관이 없습니다. 하나님의 자녀로서 받는 하나님의 능력은 주신 분의 뜻을 이루며 교회 공동체에 덕을 세우기 위함입니다. 이런 것을 유념하지 못할 때 문제가 생깁니다. 우리는 이런 유혹을 종종 받고 있습니다. 이런 유혹을 이기기 위해서는 "할 수 있지만 하지 않겠다."라는 확고한 결단이 필요합니다. 바울은 모든 것이 가(可)하나 모든 것이 유익한 것이 아니라고 했습니다. 자신이 할 수 있는 권리를 가졌지만 그리스도와 복음을 위하여 그 권한을 내려놓겠다고 했습니다(고전 9:12).

"할 수 있지만 하지 않겠다."라는 윤리는 사회 각 분야에 요구됩니다. 자기에게 주어진 권한을 다 쓰지 않고 내려놓는다는 것은 때로는 어렵습니다. 목회를 해 보니까 담임목사로서 주어진 권한도 크고 미땅히 누려도 되는 것들도 많다는 것을 발견합니다. 이런 것들을 누리는 것이 불법은 아니지만 덕이 되지 않는 경우도 많습니다. 그럴 때는 그리스도와 복음을 위해서 자발적으로 내려놓고 포기해야 합니다. 최근의 생태, 의료, 기술 분야에서도 마찬가지입니다. 인간복제, 줄기세포 연구, 유전자 조작 연구 같은 것은 인간의 존엄성을 침해할 가능성이 농후해서 기술적으로 가능하더라도 허용할 수 없는 것들이 많습니다. 비극이 자명하게 예견되는 경우도 있습니다. 스스로 규제하고 한계를 긋는 노력이 필요합니다. 과학기술의 발전으로 못할 일이 거의 없어진 현대는 더더욱 이런 윤리적 태도가 필수적입니다. 그렇지 않다면 인류는 '판도라의 상자'를 다시 여는 어리석음을 범하게 될 뿐입니다. 갈수록

우리에게 많은 권한과 능력이 주어집니다. 그것을 남용하거나 이기적인 목적으로 사용하는 경우가 많습니다. 공직자, 사업가, 교사 모든

분야의 사람들이 자신의 특권을 내려놓는 운동을 벌였으면 좋겠습니다.

사순절 기간입니다. 나를 구원하기 위해서 자신의 모든 것을 비우시고 이 땅에 오셔서 십자가에 죽기까지 복종하셨던 예수님을 다시 생각해야 합니다. '고통의 잔'을 피할 수 있었지만 "내 뜻대로 마옵시고 오직 아버지의 원대로 되기를 원하나이다."라고 하시며 눈물을 흘리시던 예수님처럼 우리도 내려놓아야 합니다. 하나님의 뜻과 공동체의 유익을 생각해야 합니다. 욕심을 내려놓고 자기를 부인해야 합니다. 그래야 하나님의 생명의 음성을 듣게 됩니다. 이번 사순절 기간 동안 '할 수 있지만 하지 않는 것'을 연습해 보았으면 좋겠습니다. 특별히 컴퓨터, 오디오, 텔레비전, 휴대폰 같은 것을 일정 기간 사용하지 않고 지내 보는 미디어 금식(media fasting)도 해 볼 만합니다. 그리고 '하고 싶지 않지만 해야 하는 것'을 시도하는 기회로 삼는 것도 좋습니다. 이를 통해서 자신의 삶의 방향과 좌표를 다시 점검하고 재정렬히는 천재일우의 기회가 되기를 바랍니다.

윤리는 자율성에 기초해야 합니다. 이것이 성숙한 윤리의식입니다. 할 수 있지만 숭고한 목적을 위해서 스스로 하지 않는 그런 자발성이 있어야 합니다. 과연 무엇이 하나님의 뜻인지 분별해야 합니다.

너희는 이 세대를 본받지 말고 오직 마음을 새롭게 함으로 변화를 받아 하나님의 선하시고 온전하시고 기뻐하시는 뜻이 무엇인지 분별하도록 하라 _롬 12:2

경제위기와 윤리, 기독교인의 책임

김병연
(정직신뢰성증진운동 본부장, 서울대 경제학부 교수)

최근 미국에서 비롯된 금융위기는 전 세계적 경기침체와 실업률 증가로 이어지고 있습니다. 많은 국가들이 확장적 재정정책과 통화정책을 통하여 경기부양을 시도하고 금융기관에 재정자금을 투입하여 무너진 금융시스템을 바로잡으려 애쓰고 있지만 그 효과가 언제, 어떻게 나타날지 여진히 짐작하기 어렵습니다. 이런 상황에서 수많은 사람들에게 고통을 가져다 준 이런

위기가 왜 발생하였는지를 따져 보고 반성할 필요가 있습
니다.

3월 21일자 헤럴드 트리뷴에는 독일 수상인 메르켈
(Angela Dorothea Merkel)의 기고문이 실렸습니다. 위기탈출
로드맵(A Road Map Out of Crisis)이라는 제하에서 메르켈은
이렇게 말합니다. "시장의 주요 경제주체들이 건전한 경
제행위라는 근본적 원칙을 무시한다면 세계화는 지속될
수 없다는 것을 이번 사건은 뚜렷이 보여 주고 있다." 좀
더 직설적으로 언급하면 경제행위 주체, 특히 금융기관
종사자들의 불건전하고 비윤리적인 행위가 이번 위기의
진원지라는 지적입니다.

직장이 없거나 소득이 없으면 대출받기가 어려워야 정
상입니다. 그런데 단지 집값이 계속 오를 것이라는 믿음
하에 금융기관들은 모기지 대출을 해 주고 집을 사려고
하는 사람들은 이게 웬 떡이냐 싶어 돈을 빌려 집을 샀습
니다. 금융기관들은 소위 첨단 금융기법을 동원하여 이
서브프라임 모기지(Subprime Mortgage)를 유동화시키고 위
험을 줄이느라 파생상품으로 만들어 팔았습니다. 그런 가

운데 일부 금융기관 종사자들은 천문학적인 월급과 보너스를 받아 챙겼습니다. 그동안 그들은 보너스만 해도 수억 원, 수십억 원씩 받아 챙겼는데 막상 문제가 발생한 후엔 평범한 사람들이 자신들의 세금으로 그들이 저지른 사고의 뒷감당을 하고 있는 셈입니다.

최소한의 윤리가 지켜지지 않으면 경제는 돌아가지 않습니다. 언뜻 경제가 돌아가는 것처럼 보일 수 있지만 언젠가는 폭발하게 마련입니다. 사실 그동안 경제학은 최소 윤리에조차 침묵했습니다. 윤리는 경제와 관계 없고 오히려 비윤리적으로 행동해야 경제가 성장할 수 있다는 잘못된 암시까지 보내곤 했습니다. 개인이 아무리 이기적으로 행동해도 전능한 손, 보이지 않는 손이 있으니 문제가 없다고 설파하곤 했습니다. 얼마나 황당하고 파괴적인 주장인지 모릅니다.

보이지 않는 손을 처음으로 말했던 경제학의 창시자, 아담 스미스(Adam Smith)도 그런 식의 비윤리적인 행동이 경제성장을 가져온다고 말하지 않았습니다. 과도한 이기심에 이끌려 타인의 재산이나 신체, 평판을 위해할 수 있

는 행동을 자제할 수 있는 동감(sympathy)의 정신이 있어야
보이지 않는 손이 움직일 수 있다고 설파하였습니다. 그
는 양심이 계발된 사회, 법과 제도가 공평하게 집행되는
사회, 공정한 경쟁이 존재하는 사회가 전제되어야 보이지
않는 손이 작동할 수 있다고 강조하였습니다.

윤리가 희박한 사회를 바꾸기 위해서는 누군가의 희생
이 필요합니다. 더욱 윤리적으로 사는 사람들이 나와 그
렇지 않은 사람들을 감동시키고 그 삶에 도전을 주어야
사회의 윤리 수준이 올라가는 법입니다. 크리스천은 일반
사람들의 윤리 수준보다 너 나아가야 합니다. 이른바 크
리스천의 최대윤리의 원칙입니다. 일반 사람들은 최소한
의 윤리를 지키며 살아가더라도 크리스천은 최대한의 윤
리의식을 가지고 생활해야 합니다.

사실 현금의 위기는 진정한 기독교적 가치를 보여 줄
수 있는 좋은 기회입니다. 크리스천들은 이 어려운 시기
에 적극적인 나눔운동을 펼쳐야 합니다. 교회 안에서 어
려운 자, 실직당한 사람들을 돕고, 교회 밖에 있는 소년,
소녀 가장, 독거노인, 실직자, 가난한 자들을 돕는 데 교

회가 전력을 기울여야 합니다. 그리고 교회는 한국 사회의 잃어버린 근면의 정신을 회복하도록 노력해야 합니다. 젊은 청년들에게 노동의 소중함을 가르치고 주께 하듯 일을 하도록 깨우쳐야 합니다. 마지막으로 교회는 기업가 정신을 일깨우고 기업하는 사람들을 격려함으로써 간접적으로 일자리 창출에 기여해야 합니다. 기업이야말로 다른 사람들에게 일자리를 제공하는 최고의 이웃사랑의 모태가 될 수 있기 때문입니다.

비교하지 말고 대조하라

방선기
(이사, 직장사역연구소 소장)

인간의 불행의 원인은 비교하는 데 있는 것 같습니다. 경제적으로 이전보다 나아지면 행복할 것 같은데 주변 사람과 비교하다 보면 금방 불행해집니다. 아이들이 가장 힘들어하는 것이 '엄친아' 라고 합니다. 엄마가 다른 집 아이와 비교하면 그 아이는 불행해집니다. 비교해서 우위를 느끼면 불행하지 않을 것 같은데 그렇지 않습니다. 우위를 느끼면 자연스럽게 우월감을 갖게 되고 나아가서는 교만하게 됩니다. 그것도 불행의 원인이 됩니다. 심지어는 교회도 비교하게 되면 불행해지는 것 같습니다. 적은 숫자라도 모여서 예배드리고 교제 나누면 행복해야 하는데 옆에 있는 큰 교회와 비교해 보면 갑자기 불행해집니다. 신앙생활을 잘하다가도 옆 사람이 눈에 띄는 은사를 받은 것을 보면 갑자기 불행해집니다. 그러니 행복하기 원하는 사람은 다른 사람과 비교를 하지 말아야 합니다. 성경이 이웃을 사랑하라고 했기 때문에 우리는 우리 주변에 있는 이웃들을 사랑해야 합니다. 그러나 우리의 비교의식을 자극하는 옆집은 무시해야 합니다. 이웃은 사랑하고 옆집은 무시하라는 말입니다.

말은 맞는데 사회 속에 살면서 다른 사람과 어울리다 보면 자신과 다른 사람을 비교하지 않기가 정말 힘이 듭니다. 거의 자동적으로 비교하게 됩니다. 비교하지 않으려면 가끔 텔레비전에서 소개되는 산 속에서 홀로 사는 사람처럼 살아야 합니다. 그렇지 않는 한 비교는 피할 수 없는 것 같습니다.

그래서 저는 비교를 하는 대신 대조를 하라고 권하고 싶습니다. 사람들과 어울려 살면서 다른 사람을 완전히 무시할 수는 없습니다. 눈에 보이고 귀에 들리는 것을 안 보고 안 들을 수는 없습니다. 그러나 보고 듣는 것으로 자신과 다른 사람을 비교하는 대신, 대조를 하면 불행을 막을 수 있을 것 같습니다. 저 사람은 저런 차를 가졌구나 나는 이런 차를 가졌는데, 저 사람은 차가 있구나 나는 버스 타고 다니는데, 저 집 아이는 공부를 잘 하는구나 우리 애는 장난을 잘 치는데… 등등 대조할 수 있는 것은 얼마든지 찾을 수 있습니다. 말이 쉽지 그게 쉽게 되느냐고 반문할지 모르겠습니다. 그러나 조금씩 연습하다 보면 아주 불가능한 것은 아닙니다. 그리고 그렇게 하다 보면 내가 아주 특별하다는 생각을 하게 됩니다.

비교하는 습관을 버리고 대조하는 습관을 갖도록 하는 것은 현실적으로 행복을 위한 전략이기도 하지만 사실 아주 성경적인 사고방식입니다. 하나님은 사람을 창조하실 때 각각 독특하게 창조하셨습니다. 그런데 죄가 세상에 들어오면서 그 독특성을 잃어버리고 다른 사람과 비교하기 시작했고 그 결과로 불행하게 되었습니다. 비교하는 대신 대조하는 것은 어떤 의미에서 나에 대한 하나님의 생각을 회복하는 것이라고 할 수 있습니다. 그리고 서로 대조하다 보면 서로의 약점을 보완하게 되어서 공동체를 이루기 쉬워집니다.

물론 다른 사람과 비교하다 보면 도전을 받게 되고 그러다 보면 자신이 좀 더 나아질 수 있습니다. 그래서 경쟁이라는 것이 필요악이 되는 모양입니다. 그렇지만 하나님은 우리를 창조하셨을 때, 서로 비교하고 경쟁하라고 이렇게 서로 다르고 독특하게 만드신 것은 아닙니다.

예수님에게 사랑을 고백한 베드로가 요한에 대해서 질문했을 때, 예수님의 대답이 인상적입니다.

내가 올 때까지 그를 머물게 하고자 할지라도 네게 무슨 상관이냐 너는 나를 따르라 _요 21:22

은근히 요한과 비교하던 베드로의 속내를 아신 주님의 말씀입니다.

법과 윤리

이상원
(신학위원장, 총신대 신학대학원 교수)

학문의 발달은 한편으로는 새로운 정보를 우리에게 제공해 주고 인간과 세계에 대한 해석의 지평을 넓혀 주기도 하지만 다른 한편으로는 인간과 세계를 통전적으로 보는 시각을 상실하게 만드는 경우도 없지 않습니다. 예를 들어 고대 희랍에서 에코노미아(economia)는 공동체를 조화롭게 운영해 나가는 기술이라는 맥락에서 돈의 운영을 파악하는 개념이었습니다. 그러나 현대 경제학에서 에코노미(economy)는 공동체의 조화로운 운영이라는 지평이 희미해져 버린 상태에서 돈을 효율적으로 운영하여 이윤을 창출해 내는 일종의 재정학으로 위축되어 버렸습니다. 한

마디로 말해서 에코노미아가 가지고 있던 도덕적 토대 곧, 바른 인간관계수립이라는 지평이 에코노미에서는 사실상 사라지고 말았습니다. 경제학이 전문적으로 발달하면서 보다 넓은 지평을 상실해 버린 것입니다.

이 점은 법의 영역에서도 발견됩니다. 통상적으로 고대 희랍사회에서 법을 의미하던 희랍어 노모스(nomos)는 아주 폭넓은 의미의 지평을 지니고 있었습니다. 노모스는 자연 안에 내재한 자연법칙 혹은 창조질서의 체계를 의미하기도 했고, 모든 인류의 마음속에 기록되어 있는 도덕법을 의미하기도 했고, 모세의 율법과 같은 성문화된 법전을 뜻하기도 했고, 사회의 실정법 체계를 의미하기도 했습니다. 따라서 사람들이 실정법을 가리키는 맥락에서 노모스라는 단어를 들었을 때도 자연스럽게 성문화된 도덕법전, 마음의 도덕법, 자연법칙 등을 연상하여 떠올리면서 그 지평 안에서 실정법의 의미를 생각할 수 있었습니다. 그러나 현대 법학에서는 법학이 종교학이나 윤리학에서 독립하여 전문화되면서 종교적 지평을 상실함은 물론 윤리적 지평조차도 상실해 가고 있습니다. 법은 최대한 종교적이고 윤리적으로 독립된 채 중립을 유지하면서 합리적 공정성을 추구하는 분과로 제시되었고, 이와 같은 독립성에 대하여 자부심을 갖게 되었습니다. 사실 다원주의 종교관과 상대주의 윤리관이 대세가 되어 있는 상태에서는 어느 특정한 한두 가지 종교나 윤리적 입장에 의존할 수 없기도 합니다.

종교적 지평과 도덕적 지평이 사라질 때 법을 지도할 이념적 표준은 하나밖에 남지 않게 됩니다. 그것은 곧 사회적 다수의 일반의지입니다. 문제는 사회적 다수의 일반의지가 무엇을 추구하느냐 하는 것입니다. 대체로 사회적 다수의 일반의지는 그 시대를 지배하는 시대사조의 논리를 거스르는 법이 없습니다. 이 말의 의미는 현대사회의 사회적 다수의 일반의지는 현대사회를 지배하는 시대사조인 실용주의(pragmatism)의 논리를 넘어서지 못한다는 뜻입니다.

최근 한국사회에서 진행되고 있는 몇 가지 중요한 법제화 시도들에서 이와 같은 흐름을 읽어 낼 수 있습니다. 이미 낙태의 문호를 넓게 열어 놓고 있는 모자보건법을 더 넓게 낙태를 허용하는 방향으로 개정하려고 집요하게 시도하는 보건복지부의 개정노력이나, 부시 행정부에 의하여 금지되어 있던 배아복제 지원법을 오바마 행정부가 허용하자마자 체세포 배아복제를 곧바로 허용한 국가생명윤리위원회의 결정이나, 사실상 혼수상태의 환자를 안락사시키는 것을 허용하는 존엄사 관련 사건들에 대한 법원들의 판결이나 입법청원 등에서 우리는 인간의 생명 보호라는 보편적 가치보다는 건강한 성인들의 복리적 이익을 추구하는 사회적 다수의 일반의지의 자력에 끌려들어가고 있는 법의 현실을 목도하게 됩니다.

기독교윤리실천운동은 이처럼 도덕적 토대를 상실한 채 사회적 다수의 이기적 욕구에 휘둘려서 표류하고 있는 한국의 법조계를 향해 준엄하게 비판의 목소리를 발해야 하며 바른 법은 인류 보편의 가치를 담지한 바른 도덕적 토대 위에 수립되어야 한다는 점을 일관성 있게 강조해야만 합니다.

우리 시대 소수자를 위한,
주변부 신학(Theology of Marginality)

김은혜
(창의여성리더십위원회 본부장, 장신대 기독교와문화 교수)

지구화(Globalization)는 우리에게 시간과 공간에 대한 질적인 변화를 가져다 주었습니다. 문화적 차이에 대한 다양한 경험들은 우리 사회로 하여금 자기중심적 세계관에 대한 반성과 단일 문화권의 인식의 한계를 동시에 성찰할 수 있는 기회를 제공하였습니다. 최근 한국사회도 인종적으로 문화적으로 다른 사람들을 일상적으로 만나며 살아가고 있습니다. 이제 한국사회는 더 이상 순수 혈통과 민족 문화에 기초한 동질성으로 유지되지 않습니다. 한국사회 안에서 새로운 현상으로 떠오르는 문화적 인종적 다원주의는 근본적으로 새로운 신학을 요구합니다.

근대 이후의 다원적 사회의 인간 문제와 억압의 상황은 계급과 성의 차별을 넘어 인종과 문화에 대한 잘못된 이해로 인해 더 복잡한 양상을 보입니다. 우리사회의 새로운 타자로 떠오르는 이주노동자, 다문화가족 등 이 시대 소수자들에 대한 새로운 신학함이 필요하다는 의미입니다. 최근 한국사회에 나타나는 중요한 이슈 중에 이주노동자와 다문화가족들에 대한 차별적 태도는 인권의 유린과 노동의 착취와 맞물리면서 우리 사회의 또 다른 사회적 문제를 야기시켰습니다. 서양의 백인 외국인들과는 차별되게 동남아 근로자에 대한 그리고 그 가운데서도 여성에 대한 차별은 가장 열악한 노동의 조건과 삶의 상황 속에서 극대화되고 있습니다. 복음적 관점에서 다양한 그룹과 소수자들에 대한 신학을 건실하기 위하여 해석학적 패러다임과 기독교적 신앙의 본질에 대한 재조명이 절실히 요구됩니다.

크리스천들에게 복음적 관점이라는 의미는 궁극적으로 예수의 생각방식입니다. 예수처럼 생각하기 위해서 예수의 정신을 소유해야 한다는 것입니다. 즉 기독교의 해석학적 원리는 근본적으로 예수 그리스도에 기초하고 있습니다. 구스타프 구띠에레즈(Gustavo Gutierrez)의 말대로 믿음의 위대한 해석학적 원리, 즉 모든 신학적 추론들의 토대는 예수 그리스도입니다.

특별히 이 시대 소수자들을 위한 주변부 신학이 복음의 본질을 대변해야 하는 중요한 이유는 예수 자신이 주변에서 살아간 존재이기 때문입니다. 예수는 결코 중심에 있지 아니하였고 중심에 선 존재로 복음을 전하지 않았습니다. 수많은 성서적 증인들이 이것을 정당화합니다. 그 당시 중심에 서 있었던 바리새인, 사두개인, 율법학자, 서기관 그리고 로마인들은 예수를 거부했습니다. 뿐만 아니라 예수는 자신의 백성들에게조차 낯선 사람(stranger)이었습니다. 더욱이 히브리서 13장 12-13절에서는 예수가 자신의 백성을 거룩하게 하시려고 성문 밖에서 고난을 받으셨다고 하며 예수를 촌 밖에 있는 혹은 이스라엘 밖에 있는 존재로 묘사합니다. 그는 십자가에서 자기 백성뿐 아니라 그의 아버지에게서도 거부되었습니다. 그러나 예수는 주변부에서 살아가는 사람들에게 용납되었습니다. 왜냐하면 그가 곧 주변인이었기 때문입니다.

또한 예수는 버림받고(outcast) 거절당하여 의지할 데 없는 자들의 친구였습니다. 요한복음 1장 11절에서 예수는 그 시대 지배적 그룹에게서 배척당하셨을 뿐 아니라 자기 백성에게조차 거부당한 존재로 묘사됩니다. 예수는 중심에서 철저히 멀어진 주변인들 그리고 중심에서 소외된 자들 즉, 세리, 이방인, 여성, 가난한 자, 억압받는 자, 병든 자, 버려진 자들의 친구였습니다. 그는 주변인 중에서도 맨 가장자리에 계신 분이었습니다(The Margin of Marginality: 히 13:12-13; 막 8:34-35). 우리가 자기 십자가를 지고 따라가야 하는 예수의 삶은 거처가 없으신 거리의 사람이(homeless)었습니다(마 8:20).

이주노동자들과 다문화가족들은 두 사회의 각기 다른 문화 속에서 살아가고 있으나 그 어느 쪽에도 속하지 않은 삶으로 복잡한 정체성의 형성 과정에서 많은 혼란과 어려움을 겪어야 합니다. 이 두 세계는 항상 평화롭게 공존하기보다는 자주 갈등의 원인으로 혹은 극단적으로는 적대적인 상황을 생산해 냅니다. 지배적 사회에서는 그들이 가지고 있는 다른 사회의 뿌리 때문에 그들을 거부합니다. 즉 그들은 두 사회에서 모두 원하지 않는 삶입니다. 두 사회에 속한다는 것은 어느 사회에도 속하지 않음을 뜻합니다. 그러나 주변부 신학은 아무 데도 속하지 않지만 동시에 두 세계를 모두 살아가신 예수를 전 존재이자 동시적 존재로서 이해합니다. 예수는 참 인간이며 참 하나님으로 동시적으로 살아가신 분입니다. 예수는 거부된 주변부의 사람이었지만 갈라진 세상의 화해자였고 유대인과 이방인, 여자와 남자, 그리고 율법과 은총 사이에서 진리를 따라 살아간 새로운 주변인이었습니다.

궁극적으로 예수는 이 세상에 있으나 이 세상에 속하지 않으시고 저 세상을 향하시나 우리와 늘 함께하시는 분이었습니다. 거룩하신 분이나 거룩히 여김을 받지 않으시고 지극히 작은 자들과 동일시하셨으나 작은 자가 아니신 존재입니다. 예수가 존재한 자리는 전적인 부정(total negation)과 동시적 수용(total acceptance)의 관계성 사이에서 독특한 의미체계를 갖고 있습니다.

우리사회의 소수자들은 중심성(centrality) 또는 힘의 중심(the center of power)에서 멀어진 차별의 대상들입니다. 소수자를 위한 주변부 신학은 중심적 상황에서 바라보는 입장이라기보다는 주변부의 상황을 고려하고 주변부 사람의 경험을 창조적으로 재구성하는 신학입니다. 어떤 신학도 모두를 대변할 수 없고 누구도 시공간의 제한을 넘어서고 편견을 뛰어넘는 모두의 신학을 말할 수 없습니다. 즉 개인의 사회·문화적, 정치·경제적 상황은 자신의 개인적 신학을 반영합니다. 즉 신학과 삶은 분리되지 않으며 신학함이라고 하는 것은 신학적 이론과 신학적 실천으로 공존하기 때문입니다. 따라서 소수자 신학의 중요한 삶의 자리인 주변부는 소수자들의 신학함에 중요한 공간이 됩니다.

더욱이 주변부는 소수자들을 위한 신학의 자리일 뿐 아니라 주변부 그 자체가 소수자들을 위한 신학의 방법론을 제시합니다. 그러나 중심에 선 관점보다 주변에 선 관점으로 살아가기는 말처럼 쉽지 않습니다. 주변부 신학하기는 단순한 사유의 공유이기보다는 구체적 공간의 공유와 그 공간에서만 일어나는 경험을 공유하는 것을 의미합니다. 예수가 권력과 힘의 중심에서 늘 거리를 두었던 것은 능력이 없어서가 아니라 그 시대 소수자들과 공통된 삶의 자리에 머무시려는 의도적 노력이었습니다. 중심에서는 주변부의 경험을 할 수 없기 때문입니다. 그들과 경험을 공유하고 함께하지 않으면서 그들을 위한다고 말할 수 없기 때문입니다. 주변부의 삶을 살아오신 예수는 그래서 세리와 창녀, 과부와 고아, 병든 자와 소외된 자들에게 늘 가까이 다가가셨습니다.

그러나 중심과 관계되지 않은 주변은 없습니다. 중심은 주변을 만드는 중요 요인입니다. 따라서 주변의 변화는 중심의 변화와 항상 관련됩니다. 중심에서 생각하는 방식에 익숙해져 있는 우리들이 어떻게 주변에서 생각하는 방식을 선택할 수 있을까요? 예수의 삶의 방식을 선택할 때 가능해집니다. 주변부에서 멀어질 때 신학은 중립

이 되는 것이 아니라 권력을 지향하게 됩니다. 예수 정신에서 멀어지게 됩니다. 주변에서 중심으로, 중심에서 주변으로 흘러야 하는 하나님의 정의와 사랑이 강물처럼 흐르게 하기 위해서 크리스천들은 쉼 없이 아래로 향하여야 합니다. 예수는 오늘도 우리들에게 물으십니다.

너희는 나를 누구라 하느냐?

성령의 충만함과
하나님 나라의 임재를 추구하며

권장희
(이사, 놀이미디어교육센터 소장)

요즘 사교육이 화두입니다. 정직하게 말하면 사교육이 아니라 사교육비에 관심이 집중되어 있습니다. 사교육에 휘둘리며 고통받고 있는 아이들의 현실 대신에 사교육비를 지출해야 하는 부모들의 주머니가 더 걱정거리입니다. 정부가 연일 쏟아 내는 사교육 대책 역시 가계의 부담을 줄여 보려는 사교육비 절감대책입니다. 대통령은 사교육이 없는 학교라고 발표된

중학교를 찾아가 자신이 꿈꾸던 교육현장이라면서 금년에도 사교육 없는 학교를 400곳 선정하여 (부모가 지출해야 할 사교육비) 600억 원을 세금으로 대신 지원하겠다고 하였습니다. 학교에서 방과 후에 학원과 경쟁을 해 보겠다는 것으로 들립니다. 이명박 정부가 사교육비 경감 대책을 내놓을 때마다 주식시장에 상장된 사교육업체의 주가는 정부 대책을 비웃기라도 하듯 급등세를 보이고 있습니다. 경쟁위주 교육정책의 근간은 바꾸지 않으면서 그야말로 가계에서 사교육비만을 줄여 보겠다는 발상의 한계를 보여 주는 사례입니다.

하나님은 우리 가정을 찾아오셔서 '경건한 자손, 경건한 자녀, 경건한 후손, 경건한 다음 세대'를 얻기를 기대하십니다(말 2:15). 마치 예수님이 무화과나무에 접근하셔서 열매를 기대하시면서 구하셨던 것처럼. 유감스럽게도 무화과나무는 잎은 무성하였으나 찾으시는 열매를 보여 드리지 못했기 때문에, 저주를 받아 말라 버렸습니다. 오늘 우리 크리스천 가정에 찾아오신 주님은 서울대학교 가는 자녀를 원하시는 것이 아닙니다. 능력 있는, 그래서 하나님 없이도 살 수 있다고 믿는 그런 자녀를 원하시는 것은 더더욱 아닙니다. 크리스천들의 교육에 대한 기본적인 책무는 사교육비를 줄이고, 공교육을 살리는 것에 대한 관심 이전에 우리 가정에 찾아오신 주님에게 경건한 자녀를 내어 드리는 일이 되어야 합니다.

2007년 서울대학교 국어교육과에서 조사한 결과에 의하면, 중학생의 97.2%, 고등학생의 95.6%가 일상 언어 중에 욕을 섞어 사용하고 있습니다. 초등학교 5, 6학년들도 96.6%가 평소에 욕을 사용하고 있다고 응답하였습니다. 초등학생 중에서 욕을 사용하지 않는 아이들은 단 3.4%에 불과하다는 놀라운 결과입니다. 주님은 형제를 보고 '라가' 라고 해도 마음에는 이미 살인을 한 것이라고 선포하셨습니다. 아이들이 일상 언어생활에서 친구들에게 욕을 하면서 살고 있다면 그 안에는 이미 살인하는 자인 사탄의 악령이 깃들어 있는 것과 마찬가지입니다. 일상적으로 욕을 내뱉고 있는 아이들 속에 성령의 임재가 있을 수 없습니다. 대부분의 부모들, 특히 크리스천 부모들은 자녀가 친구들 사이에서 일상적으로 욕을 사용하지 않는 3.4%에 포함된다고 자신 있게 말할 수 있어야 합니다.

그렇다면 왜 아이들은 이렇게 욕을 하면서 살게 되었을까요? 얼마 전 KBS 스페셜에서는 청소년들의 욕 문화를 다루면서 그 원인을 PC방에서 찾았습니다. PC방을 가득 메운 청소년들이 컴퓨터 앞에 앉아서 총과 칼을 이용해서 사람을 죽이는 게임을 하면서 쉴 새 없이 욕을 내뱉고 있었습니다. PC방을 이용하는 아이들이 교실에 30%만 있어도 그들이 하루 종일 욕을 하고 있으면 한 달이 지나면 모든 학생들이 욕을 하게 됩니다.

놀이미디어교육센터에서 초등학생 4~6학년 3천 명을 대상으로 인터넷게임 이용실태를 조사했는데, 아이들이 접속하는 상위 30개의 게임 중에서 70%가 주먹이나, 칼 또는 총을 이용해서 때리고, 찌르고, 죽이는 게임을 하고 있었습니다. 일인칭 시점에서 총으로 상대방의 머리를 박살 내는 〈서든어택〉이란 게임도 34.2%가 하고 있다고 응답했습니다. 총이나 칼을 이용해서 로그인한 사람을 죽이는 게임만 우리나라에 40여 종이 서비스되고 있는 형편입니다.

악한 동무가 선한 행실을 더럽히나니 _고전 15:33

인터넷 게임을 즐기는 요즘 대부분의 아이들은 처음에는 건전한 게임으로 시작하지만, 자극에 대한 내성이 생기면 조금씩 폭력적인 게임으로 옮겨갑니다. 중·고등학생들은 물론이고, 초등학생들의 절반 이상이 사람을 죽이는 게임을 즐기고 있습니다.

그럼에도, 교회와 크리스천 부모들은 영적인 소경이 되어 아이들이 어둠의 권세에 사로잡혀 컴퓨터 앞에 앉아서 살인을 즐기는 현실을 보지 못하고 있습니다. 관심이 온통 좋은 대학에 보내는 것에 집중되어 있고, 하나님이 찾으시는 경건한 자녀로 자라고 있는지에 대해서는 무관심하니, 부모로서 하나님이 주신 직무를 유기하고 있는 것과 같습니다.

지금 우리 사회는 공교육이 무너지고 있는 것이 아니라 가정이 무너지고 있습니다. 부모의 권위 아래 하나님께 순종하며, 거룩한 삶을 배워 가야 할 가정에서 아이들은 부모에게 등을 돌린 채, 컴퓨터 앞에 앉아 살상을 하면서 사탄의 영을 채우고 있습니다. 공교육의 위기는 바로 이러한 모습의 가정에서 시작되는 것임을 볼 수 있어야 합니다.

기독교윤리실천운동의 초석을 놓으셨던 고 김인수 장로님께서 부모교육을 하실 때마다 강조하신 말씀이 "텔레비전을 거실에 두는 것은 광야를 거실로 끌어 오는 것이다." 였습니다. 마찬가지로 '인터넷 게임에 아이들을 접속시키는 것은 정글을 집안으로 끌어 오는 것입니다.'

기독교윤리실천운동은 행동지침 1번으로 '자녀를 주안에서 올바로 양육하며, 건강한 가정을 세우는 것' 으로 규정하고 있습니다.

우리의 교육적 관심이 사교육비나 공교육 문제에 쏠려 있다면, 우리의 중심이 자녀가 좋은 대학에 가는 것이 아닌지 돌아보아야 합니다. 우리 가정에 찾아오시는 주님 앞에 경건한 자녀를 내어 드리는 것이 우리의 최우선의 목표라면, 우리는 부모로서 자녀가 악한 동무인 텔레비전과 인터넷 게임을 멀리하고 거룩한 삶을 추구하도록 우리의 마음을 자녀에게로 향해야 합니다(말 4:5-6).

젊은 날의 꿈이 나를 이끌어 간다

주광순
(공동대표, 부산대 철학과 교수)

얼마 전 인터넷을 통해서 젊은 시절부터 존경해 오던 목사님 한 분이 아주 편찮으시다는 소식을 접하고 나서 참 마음이 아픕니다. 저는 허병섭 목사님을 70년대 학생 운동이 한창이던 시절에 기독교 방송을 통해서 알게 되었습니다. 허 목사님은 중랑천과 청계천에서 빈민들과 함께 생활하며 목회를 하셨습니다. 그 뒤로도 미장이 노릇을 하다가 결국에는 농촌에 들어가서 공동체 운동을 하셨습니다. 물론 기장 측이라는 점에서 우리 복음주의자들이 보기에 교리적인 문제가 있을 수 있으나, 개인적으로 존경하는 분입니다. 당시에 안내양들을 선교하면서 사회적인 문제들을 목도하던 저에게 '주님 같으시면 지금 무엇을 하실까' 하는 물음은 굉장히 시급한 물음이었고, 허 목사님처럼 하시지 않았을까 결론을 내려 본 적이 참 많습니다. 물론 지금은 그렇게 단순하게만 생각할 것은 아니고, 여러 가지 사역이 필요하다는 점을 인정합니다. 그렇지만 주님께서 공생애에 그러하셨던 것처럼 지금도 오신다면 약자들, 타자들과 함께 계실 것이라는 확신에는 변함이 없습니다. 누구나 다 그렇게 할 수 없다는 점이 아쉬울 뿐이지만….

학생운동을 하던 어떤 분이 지금은 치과의사를 하면서 『젊은 날의 꿈이 우리를 이끌어 간다』는 내용의 제목으로 시집을 낸 것을 보고, 그 제목에 공감한 적이 있습니다. 우리가 청년 시절에 꾸었던 꿈이 우리의 삶을 이끌어 가는 견인차 역할을 해야만 한다는 생각 때문이었습니다. 어떤 의미에서, 진리를 따르는 삶이란 새로 발견되는 진리도 있겠지만, 이미 발견했던 것을 망각하지 않는 것이 아닐까 하는 생각도 듭니다. 물론 그 당시의 느낌 그대로만 간직한다면 수구적이 되기 쉬울 것입니다. 그렇다기보

다는 그 정신을 유지한다고나 할까? 그런 말입니다. 우리
가 언제라도 청년 시절에 주님을 향했던 애타는 마음이
회복되기를 바랍니다. 이를테면 저에게는 약자, 타자와
하나가 되겠다는 염원이 있었습니다. 동정하고 도와주고
심지어 이끈다는 것은 정당하지 않고, 그보다는 하나가
되기를 염원했습니다. 만약 우리가 정말 예수님의 대제사
장적 기도에서처럼 '성삼위 하나님께서 하나이신 것처럼
복음을 말하는 자들과 그 말을 듣는 자들이 하나가 될 수
있다'(요 17:20-21)면 얼마나 좋을까요? 복음 안에서 돈이나
권력이나 지식이나 가진 자들과 그렇지 않은 자들, 한국
인이나 외국인이나 어떠한 차별이라도 다 철폐될 수 있다
면 얼마나 주님의 복음이 잘 전파될 수 있을까 열망해 봅
니다.

　　나이가 들어갈수록 세상을 알아 갑니다. 여기까지는
괜찮습니다. 그러나 세상과 타협해 간다는 느낌을 지울
길이 없습니다. 저 자신을 돌아보아 그렇다는 말입니다.
세상을 바꾼다고 해 보아도 이미 한계를 정하고 시작합니
다. 성경 본문을 액면 그대로 따르기보다는 우리가 살아

온 날들의 타성이 우리의 꿈을 제한합니다. 타락한 인생이 세속 속에 살면서 꼭 필요한 것은 상상력입니다. 현실을 달리 볼 수 있는 시각입니다. 우리 기윤실이 정말 이 세상에서 빛과 소금이 되는 운동이 되려고 한다면 상상력이 필요합니다. 한계를 모르고 솟아나는 상상력 말입니다. 어쩌면 젊은 시절의 꿈도 이 상상력의 일종일 것입니다. 현실의 완고함에 제한됨이 없이 성경 본문과 우리가 그대로 맞부딪쳐서 발생하는 상상력, 이를테면 우리가 사회신뢰회복운동으로 하고자 하는 입시, 정치, 여성 문제에 있어서 좀 더 근본적인 변혁을 꿈꾸어 볼 수는 없을까요? 입시가 현재의 사회적 신분과 위치를 대물림하게 만드는 경우가 많은데 우리 기윤실이 이를 넘어서 가진 사람이나 못 가진 사람이나 한국인이나 외국인이나 하나가 되는 데에 기여할 희망은 없을까요? 이는 정치나 여성 문제에서도 마찬가지입니다.

허 목사님이 가졌던 꿈을 기윤실 속에서 다시 꾸어 보고 싶습니다.

긴급 동의합니다!

정애주

(이사, 홍성사 대표)

약 10년 전의 경험입니다. 남편의 안식년에 미주 지역을 여행할 기회가 생겼습니다. 지인들이 십시일반 성금(?)을 모두어 캐년 탐방 패키지를 만들어 주셨습니다. 미국 서부의 브라이스 캐년, 시온 캐년, 그랜드 캐년을 한 코스로 다녀오는 일정이었습니다. 내용 자체가 흥분되는 여행이었습니다. 오래간만에 직무에서 잠시 일탈을 하게 된 남편과 저는 그 긴 시간의 사막을 관통하는 내내 찬양과 수다 그리고 졸고 또 상념을 번갈아 하며 지극히 개인적인 위로를 받는 구별된 시공간을 누렸습니다.

땅 밑을 탐사하듯 달 지표를 걷는 듯 조심스럽게 다녀온 브라이스 캐년도, 성스러운 계시를 받기 위해 줄지어 오르내리는 시온 캐년의 군중들을 따라다닌 것도 민망하리만큼 "억" 소리 나게 장엄한 그랜드 캐년을 가슴으로 경험하면서 '대륙'이라는 단어를 배운 것도 큰 수확 중의 하나였습니다. 게다가 차량 이동 중 차창을 통해 보게 된 자연이 베푼 공연은 '필설로 기록하지 못할' 만큼 가히 장관이었습니다. 끝도 없이 계속 이어지는 광야는 최고 예술가의 '쇼' 였습니다. 혼자 보기 아깝고 절로 환성이 터지는 재미 자체였습니다. 밤하늘의 무수한 별들이 가슴에 한 아름 박히더니 실오라기 같은 번갯불의 출현이 눈 사진에 찍히고 낮에는 먹구름 층과 청명한 옥색 하늘이 동시에 펼쳐지는 상황이 무시로 있더니 낙뢰와 천둥, 장대비가 마치 지목한 듯, 특정한 곳에만 쏟아지는 광경을 볼 수 있었습니다. 지구에는 사람 사는 세상만 있는 것이 아님을 알게 된 특별체험 여행이었습니다.

그런데 … 제가 비전레터 3신에 굳이 지난 여행의 경

험을 나누는 이유는 다음의 경험 때문입니다. 사람 사는 일에서 일탈하여 자연의 쇼와 함께 즐기고 있는 즈음 … 어라! 멀리 광활한 대지의 침묵 속에서 들려오는 소리가 있었기 때문입니다. 간헐적으로 좌판에서 수공예품을 파는 이들, 그 흙들이 삶의 터전이었던 이들의 구슬픈 노랫소리가 들렸습니다. 그러고 보니 붉은 흙들의 기운이 범상치 않았습니다. 급기야 붉은 산등성이에서 불쑥 모습을 드러내어 우리 일행을 추격해 올 것 같은 성난 저들, 이 대지의 원주인들의 억울한 심정이 느껴지는 것이었습니다. 시시각각 태양이 대지에 부딪쳐 반사되는 태초부터의 신비한 빛과 어우러진 이 땅의 원주인들의 희로애락이 내 눈 속에 영상으로 겹쳐지는 것이었습니다. 소박하고 당당한 그렇지만 무표정한 남녀노소의 얼굴들이었습니다.

그리고 발견한 것! 저들 원주인들의 마을로 들어가는 불과 몇 미터 되지 않는 길이의 갈래 길, 아스팔트 길, 드넓은 광야와 우리가 달리고 있는 도로의 규모와는 비교조차 우울한 생기다 만 진입로. 아스팔트 도로를 만들 비용이 모자랐을까? 아니면 그 대지의 원주인들의 자존심이

마다했을까? 마을까지 저 흙먼지를 고스란히 덮어쓰고 가나?

질문을 만들어 보겠습니다.

북미대륙의 원주인들은 핍박과 훼방이 있지만 여전히 저들의 언어와 문화를 보존하며 살고 있다. 그렇다면 그들의 뇌리 속에 담긴 한이 대지에 서리지 않겠는가? 그 신음 소리를 하나님께서 듣지 않으시겠나?

지구상에 여전히 종족의 문화를 보존하며 저들이 살아온 땅을 지키려는 이들과, 땅과 문화를 빼앗겨 본 한국크리스천은 이심전심의 종족이 아닌가?

혹시, 예수쟁이인 우리가 서양문명의 전수자로 전락해서 저들의 문화를 폄하하고 말살하는 일에 골몰하고 있는 것은 아닌가?

예수의 구주되심을 전하는 일보다 우리가 살고 있는 방식의 우월성을 증명하는 일에 더 적극적인 것은 아닌가?

그렇다면, 종족 문화의 억압으로 인해 속수무책인 사람들에게 우린 예수 부활을 어떻게 전해야 하나? 등등 ….

　　"작금 '우리가 더 잘사는 일에 너무 비중이 쏠린 것은 아닌가?'에 긴급 동의(動議)합니다."

　　"그래도 '저들이 잘사는 일에 전심으로 충성하는 것이 기독교도의 도리가 아닌가?'에 의거합니다."

　　"그것이 '십자가의 질고를 흉내라도 내는 일이 아닐까' 해서 말입니다."

　　"좀 더 구체적으로 말하자면 '선교의 구령'이 약화되는 것은 아닌가?'가 저의 기우입니다.

씨드스쿨, 대한민국 교육의
희망일 수 있는가?

양세진

(사무총장)

중학교 2학년인 아들을 키우면서 가장 큰 고민은 아이의 미래가 과연 행복해질 수 있을 것인가입니다. 그 고민은 곧 아이의 미래를 위해 제대로 교육을 시킬 수 있을 것인가와 연결되어 있습니다. 주변을 보면서 더 좋은 교육 환경을 후원하지 못하는 제 현실에 답답할 때가 많습니다. 그럼에도 제 아이는 번듯한 학교를 다니고, 부족한 수학에 대한 도움을 받을 수 있는 환경은 갖고 있습니다. 그러나 조금만 고개를 돌려 보면 우리 사회에는 학원과 과외를 전혀 받을 수 없는 가난한 환경에 처한 아이들이 너무도 많은 것이 현실입니다.

더 이상 한국사회에서는 개천에서 용이 나오는 시대는 끝났다고 하는데, 용은 고사하고, 아이들이 꿈꾸는 미래를 현실로 만드는 것이 가능할지, 자신이 정말 간절히 원하는 삶을 선택할 수 있는 환경이 가능할지, 하나님이 주신 자신의 열정을 마음껏 펼칠 수 있는 현실을 정말 선택할 수 있는 것인지에 대해 근본적인 물음을 갖게 됩니다.

올해 43세인 웬디 콥은 20년 전인 1990년, 불과 23세의 젊은 나이에 Teach For America(이하 TFA)라는 단체를 만들어서 대학을 졸업한 청년들을 훈련시켜 미국의 낙후되고 가난한 환경의 학교에 교사로 보내는 일을 통해 미국 교육에 희망을 불어넣었습니다. 워싱턴 D. C.에서 한인 최초로 교육감이 된 미셸 리도 바로 TFA에서 교육봉사를 경험하면서 교육개혁에 대한 비전을 갖고 교육감이 되었습니다. 물론 미국과 한국의 교육환경은 다르지만, 웬디 콥의 도전은 한국 사회의 교육현실을 고민하는 많은 사람들에게 많은 시사점을 던져 주고 있습니다.

 세상의 길 위에서 하나님의 길을 걷는 사람들

웬디콥은 자신이 해결하고자 한 커다란 사회문제는 "아이들의 미래가 어디에서 태어났느냐에 의해 결정되는 현실"이라고 지적하고 있습니다. "자신의 노력이나 능력보다 어느 지역에서 어느 부모 밑에서 태어났느냐가 미래를 결정한다는 것은 결코 정의롭지 않은 현상이며, 이런 일에 침묵해서는 안 됩니다."라고 강조하고 있습니다.

이러한 문제의식 속에서 기윤실은 올해 핵심사역으로 꿈을 가진 아이들에게 꿈을 현실로 만들어 갈 수 있는 능력을 불어넣어 주기 위해 씨드스쿨(Seed School) 사역을 수행하고 있습니다. 이 사역은 기윤실 혼자 힘만으로 하지 않고, 한국리더십학교에서 훈련받은 헌신적인 대학·청년 및 여러 전문적인 기독교기관들과 협력을 통해 진행되고 있습니다. 현대 사회의 복잡하고 커다란 문제들은 어느 한 영역이나 조직의 힘으로는 해결할 수 없다는 것을 모두 인식하고 있습니다. 교육문제 또한 그 어느 것보다 심대하고 중요하고 복잡한 이슈이니만큼 할 수 있는 한 더욱 많은 전문적인 기관들의 협력과 하나님을 신뢰하는 믿음으로 우리를 압도하는 이 시대의 거인과 진검승부를 해 볼 계획입니다.

이미 성취한 열매들

올해 씨드스쿨 사역이 시작될 수 있도록 교회운영예산의 거의 전부를 씨드머니로 후원해 주신 기윤실 공동대표님을 비롯해서 이름도 빛도 없이 후원해 주신 많은 분들의 도움으로 올해 시범사업을 할 수 있는 7천만 원을 모금할 수 있었습니다. 그리고 다른 곳에서는 20~30만 원의 교통비를 지급받지만, 씨드스쿨에서는 단 한 푼도 받지 않고 오히려 자신의 비용을 써 가면서 교사로 헌신하는 대학·청년들은 무엇보다 가장 소중한 열매이자 자산입니다. 그리고 과학과 수학에 재능을 보인 아이들을 돕기 위해 대한민국 최고의 영재학원이 후원을 하고 있습니다.

그 외에 이모저모로 이름도 없이 빛도 없이 다양하게 도움의 손길을 주시는 분들이 많이 계십니다.

이러한 열매들을 감사하게 생각하며, 씨드스쿨이 한국 교육의 작은 희망을 만들어 가기 위한 거대한 여정을 위해 더 성취해야 할 많은 과제들을 생각해 봅니다.

더 성취해야 할 과제들

씨드스쿨은 단순히 가난한 아이들을 돕기 위한 프로젝트가 아닙니다. 자신의 삶에 대한 꿈과 희망을 가진 아이들을 돕기 위한 프로젝트입니다. 씨드스쿨이 꿈꾸는 미래는 자신의 열정과 꿈을 가난이라는 환경 때문에 포기를 강요당하지 않는 사회입니다. 가난한 환경은 존재할 수 있지만, 가난한 아이들은 존재하지 않는다는 것이 씨드스쿨의 철학입니다. 아이들은 가능성이고 희망입니다. 그들 안에 잠자고 있는 가능성을 밝히 드러내 보일 수 있도록 돕고 싶습니다.

정말 간절히 기도하는 것은 우리들의 이 꿈이 하나님의 꿈이 되는 것입니다. 하나님의 꿈을 우리가 꾸길 원합니다. 하나님의 이 꿈을 위해, 기윤실을 후원하는 많은 교회와 개인회원들 그리고 수많은 하나님의 사람들의 후원과 격려가 필요한 상황입니다. 씨드스쿨 사역은 기윤실이 먼저 시작했지만, 빠른 시간 내에 좋은교사운동처럼 전문적인 사역으로 독립할 수 있도록 도울 것입니다. 씨드스쿨의 성장과 독립을 위해 기도해 주시기 바랍니다.

기독교윤리실천운동

　기윤실은 민주화 운동이 절정에 달했던 1987년, 김인수, 손봉호, 이만열, 이세중, 이장규, 원호택, 장기려, 강영안 선생 등을 통해 시작된 기독시민운동입니다. 기윤실은 "하나님의 말씀인 성경과 정통적 기독교 신앙을 기본이념으로 복음에 합당한 윤리적 삶을 통해 세상 속에서 신뢰받는 기독교인과 교회가 되도록 섬기며, 타자를 배려하고 환대하는 문화를 통해 생명과 평화의 공동체를 만드는 것"을 사명으로 지난 20년간 정직한 그리스도인, 고통받는 이웃의 희망지기, 신뢰가 주도하는 교회&사회 등의 모토를 갖고 이웃 사랑을 실천하며 하나님의 나라를 이루어가기 위한 여정을 계속해 오고 있습니다.

　기윤실은 '정직, 책임, 정의, 평화, 배려'의 핵심가치를 기반으로 신뢰가 주도하는 사회와 교회(Trust Initiative)를 만들어가기 위해 〈사회신뢰회복운동〉, 〈교회신뢰회복운동〉, 〈시민실천운동〉을 전개하고 있습니다.

　기윤실은 1987년 창립부터 2000년까지 공정하고 깨끗한 선거문화 정착을 위한 〈공명선거운동(공선협)〉과 스포츠신문의 음란, 폭력성 근절에 기여한 〈스포츠신문음란폭력조장공동대책위원회〉, 총회 선거문화 개선을 위한 〈깨끗한 총회를 위한 활동〉, 정치개혁과 의회투명화 및 선진화에 기여한 〈의회발전시민봉사단, 국정감사모니터 시민연대〉, 청소년보호위원회 태동과 청소년보호활동을 위한 〈청소년유해환경 감시단 활동〉을 전개했으며, 2000년 이후에는 지역사회에 대한 교회의 책임성 강화를 위한 〈교회 사회복지위원회 활동〉, 교회 목회 리더십을 위한 〈담임목사직 세습반대 운동〉, 현대 사회이슈에 대한 기독교윤리적 응답을 위한 〈기독교윤리연구소 창립〉, 〈도박산업 규제 및 개선운동〉, 〈교회 재정투명화 운동〉, 〈생명윤리운동〉 등을 전개했으며, 2007년 2020 비전선포식을 통해 한국교회와 사회의 정직신뢰성증진을 위한 〈한국교회신뢰지표 개발〉, 〈시민단체 사회적책임운동 발족〉, 〈한국교회의 사회적 신뢰도 여론조사〉, 〈정직한 성도, 신뢰받는 교회를 위한 30일의 여정〉, 〈공공신학 세미나〉, 〈교회의 사회적책임 포럼/컨퍼런스〉 등을 전개해 오고 있습니다.

　기윤실은 또한 기독시민운동단체의 모태로서 지난 20년 동안 국정감사모니터시민연대, 기독법률가회, 좋은교사운동, 공의정치실천연대, 교회개혁실천연대, 놀이미디어교육센터, 크리스천라이프센터 등 수많은 시민운동단체의 설립에 직·간접적으로 기여해 왔습니다.

❖ 서울시 용산구 한강로1가 217 세대빌딩 401호
　02-794-6200, www.trusti.kr, trust@trusti.kr